Rolf Goetz

Vegetarisch kochen – rund ums Mittelmeer

Rolf Goetz

Vegetarisch kochen – rund ums Mittelmeer

pala verlag

ISBN: 3-89566-128-7

Lektorat: Barbara Reis / Bettina Snowdon
Umschlaggestaltung und Illustrationen: Margret Schneevoigt
Tip-Zettel-Zeichnungen: Sabine Hoff
Druck: Fuldaer Verlagsanstalt

Dieses Buch (Innenteil und Umschlag) ist auf Papier aus 100 % Recyclingmaterial gedruckt

Inhaltsverzeichnis

Schwelgen wie im sonnigen Süden

Einfache Zutaten, kreativ miteinander kombiniert und raffiniert gewürzt – das ist eines der Geheimnisse und Erfolgsrezepte der mediterranen Küche. Klimatisch begünstigt, reift unter südlicher Sonne eine vielfältige Gemüsepalette heran. Auch die Würzkräuter profitieren vom Sonnenbonus, der dafür sorgt, daß sich die aromagebenden ätherischen Öle in ihrer ganzen Kraft entfalten können.

Dazu gesellen sich, je nach Land und Region verschieden, sorgfältig hergestellte Spezialitäten, sei es Parmesan und Aceto balsamico aus Italien, Crème fraîche aus Frankreich oder Schafsfeta, schwarze Oliven und Sahnejoghurt aus Griechenland. Ohne Zweifel: Die Mittelmeerküche hat einiges zu bieten, was es überaus lohnend macht, sich näher mit ihr zu beschäftigen, zumal mittlerweile so gut wie alle südländischen Spezialitäten auch hierzulande gekauft werden können. Vielleicht haben Sie ja schon die eine oder andere Ferienwoche in südlichen Gefilden dazu genutzt, erste Kontakte mit der kulinarischen Tradition des Mittelmeerraumes aufzunehmen.

Die Rezeptauswahl für dieses Buch enthält teils traditionelle Rezepte, wie sie in den Mittelmeerländern üblich sind, teils auch neuere Kreationen mit »mediterranem Touch«. Immer war ich bemüht, den Gerichten einen vollwertigen Charakter zu geben. Um einige Beispiele zu nennen: Der in Italien und Spanien üblicherweise verwendete polierte weiße Reis wurde durch Naturreis ersetzt, Auszugsmehl durch Vollkornmehl, raffinierter Zukker durch Vollrohrzucker oder Honig. Wo immer möglich, habe ich versucht – entgegen den Gepflogenheiten am Mittelmeer – die Ölmengen auf ein vernünftiges Maß zu reduzieren. Olivenöl gilt zwar als eines der gesündesten und bekömmlichsten Speisefette, doch muß auf südländische Art zubereitetes Gemüse ja nicht unbedingt darin schwimmen. Und was die Kochzeiten angeht, auch da habe ich das eine oder andere Vitamin gerettet, indem die Garzeiten etwas kürzer bemessen wurden.

Unsere Reise entlang der Mittelmeerküste beginnt auf der Iberischen Halbinsel. Paella, Tortilla und Gazpacho sind die Stichworte, wenn es darum geht, die spanische Küche zu charakterisieren. Nicht nur das spanische Festland, auch die dazugehörige Inselgruppe der Balearen kann mit einer eigenständigen Küchentradition aufwarten, wenn auch in den letzten Jahrzehnten so manches davon durch den massiven Ansturm der Fremden dem international standardisierten Geschmack zum Opfer fiel.

Frankreich dagegen braucht sich kaum um seine Eßtradition zu sorgen, zu berühmt und raffiniert ist die Kochkost unseres Nachbarn, als daß man sie mißachten möchte. Hinzu kommt, daß die Franzosen ohnehin wie Gralshüter über ihre Kultur wachen und nichts auf ihre angestammte Kost kommen lassen.

Das vegetarische Schlaraffenland am Mittelmeer ist zweifelsohne Italien. Pasta und Pizza machen es wie nirgendwo sonst in Europa problemlos möglich, ohne Fleisch durch das Land zu kommen. An Raffinesse steht die italienische Küche kaum der französischen nach, sie ist gleichzeitig bodenständig genug, um genau den Geschmack der breiten Masse zu treffen. Wie sonst ist zu erklären, daß sich italienische Restaurants in jeder Ecke unseres Planeten finden!

Bescheiden nehmen sich hingegen die griechische und türkische Küche aus. Auf den ersten Blick fällt es gar nicht so leicht, sie auseinanderzuhalten. Die beiden Kulturen schöpften aus der gleichen Tradition, als das byzantinische Kaiserreich mit Konstantinopel als Metropole den ganzen östlichen Mittelmeerraum beherrschte. Das gemeinsame Erbe drückt sich beispielsweise im ausgiebigen Gebrauch von Joghurt und Schafskäse aus. Selbst dem gebrannten Anisschnaps, dem Raki beziehungsweise Ouzo, wird von beiden Völkern mit gleichem Enthusiasmus zugesprochen. Und auch die Art und Weise, wie der Kaffee zubereitet und genossen wird, gleicht sich nahezu.

Stellvertretend für die arabischen Mittelmeeranrainer steht eine Auswahl an Rezepten aus dem Libanon. Gerade die libanesische Küche hat einige große vegetarische Gerichte hervorgebracht, sei es die Falafel oder das mit Bulgur und Petersilie zubereitete Tabouleh. Auch der im ganzen arabischen Raum verbreitete Couscous ist im Libanon traditioneller Bestandteil der Küche. Das einstmals blühende Land am östlichen Rand des Mittelmeeres, das vielfach als die »Schweiz des Nahen Ostens« apostrophiert wurde, hat durch die Kriegswirren der letzten Jahre arg gelitten. Bleibt zu hoffen, daß möglichst rasch das Land und seine Menschen wieder zur Normalität zurückfinden und ihrer Küchentradition in Frieden nachgehen können.

Alle Rezepte in diesem Buch sind für vier Personen ausgelegt. Ich wünsche ein gutes Gelingen!

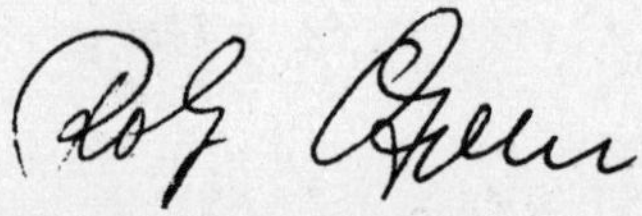

Rolf Goetz

Spanien

Vielfältig und dabei doch überraschend einfach präsentiert sich die traditionelle Küche Spaniens. Beim Essen machen die Spanier nicht gerne Experimente. Der Eigengeschmack der Zutaten steht bei der Zubereitung im Vordergrund. Gewürze und Kräuter werden eher sparsam, Knoblauch und Olivenöl dagegen reichlich verwendet. Die Rezepte sind unkompliziert und laden gerade deshalb zum Nachkochen ein.

Zu einer richtigen Hauptmahlzeit gehören mindestens zwei Gänge: Vorspeise und Hauptgericht. Letzteres besteht häufig aus Fleisch oder Fisch mit wenig Beilagen. Da die Auswahl an Vorspeisen recht groß ist, werden aber auch Vegetarier fündig. Suppen und sättigende Eintöpfe sind vor allem in Südspanien als erster Gang beliebt. Als Zutaten werden häufig Kichererbsen oder weiße Bohnen verwendet; Kürbis sorgt für die richtige Konsistenz der Suppe. Geschmortes Gemüse und Salat zählen ebenfalls zu den Vorspeisen. Die »Ensalada« wird wie in Italien erst am Tisch mit einem Essig-Öl- Dressing angerichtet.

Eine Alternative können Tapas sein, kleine kalte oder warme Köstlichkeiten, die zu jeder Tageszeit gegessen werden. Als Vorspeise sind sie eigentlich nicht gedacht, eher als Nebenbei-Häppchen. Wörtlich übersetzt heißt Tapa »Deckelchen«. Mit kleinen Brotscheiben oder dem auf einem kleinen Teller liegenden Appetithappen wurde früher das Glas abgedeckt, damit keine Fliegen oder andere Verunreinigungen hineinkamen. Tapas sind ungeheuer abwechslungsreich, eine kleine Auswahl gibt es in Spanien in jeder Bar, richtig fündig wird man aber in speziellen Tapa-Bars. Die Palette reicht von Oliven und Salzmandeln, Käse, eingelegtem Gemüse, fritierten Reisbällchen oder anderem Fettgebackenen bis hin zu Tortillas.

Die kulinarische Tradition des Landes wurde vor allem durch die Araber geprägt. Spanien wurde acht Jahrhunderte lang von den Mauren beherrscht. In dieser Zeit gingen Morgenland und Abendland eine enge Verbindung ein. Moslems, Juden und Christen lebten relativ einvernehmlich zusammen und gerade dadurch konnte sich auf der Iberischen Halbinsel eine zivilisatorische Hochkultur entwickeln.

Die Araber führten eine Vielzahl von Früchten ein, beispielsweise Orangen, Melonen, Feigen und Reis. Auch Gewürze wie Safran oder Kreuzkümmel gehen auf das orientalische Erbe zurück.

Typisch spanisch: Paella, Tortilla & Gazpacho

Die spanische Küche bescherte der Welt zwei Klassiker – die Paella und den Gazpacho. Erstere kommt aus Valencia und hat sich von dort über das ganze Land ausgebreitet. Es ist das Nationalgericht der Spanier schlechthin. Das gehaltvolle Reisgericht wird in der typischen Paella-Pfanne zubereitet, eine normale Pfanne aus Edelstahl oder Gußeisen erfüllt jedoch denselben Zweck. Der verwendete Reis ist immer Rundkornreis, am besten nehmen Sie den spanischen Calasparra-Reis. Die Paella ist eigentlich kein typisch vegetarisches Gericht. Wenn sie mal kein Fleisch enthält, dann mit Sicherheit Meeresfrüchte. Doch es geht auch ohne beides.

Ganz sicher vegetarisch ist der Gazpacho, eine ungekochte und daher immer kalt gegessene Gemüseschale. Sie wirkt erfrischend und empfiehlt sich besonders an heißen Sommertagen.

Wenn es um Eiergerichte geht: Vergessen Sie für einen Augenblick das deutsche Spiegelei und das französische Omeltt. In Spanien steht ganz die Tortilla im Vordergrund. Meist ist sie kuchendick, was sie der reichlichen Zugabe von Kartoffeln verdankt, dazu gesellt sich je nach Saison Spargel, Paprika oder anderes Grünzeug. Tortillas werden in Spanien gerne als Tapas serviert.

Paella mit Frühlingsgemüse

6 EL Olivenöl
300 g Naturreis, Rundkorn (Calasparra)
600 ml Gemüsebrühe
2 Lorbeerblätter
1 Zwiebel
2 Knoblauchzehen
1 Lauchstange
1 rote Paprika
1 gelbe Paprika
1 Briefchen Safran
Meersalz
Cayennepfeffer
Rosenpaprika
300 g Tomaten
1 Zucchini (ca. 250 g)
12 grüne Oliven
Saft einer halben Zitrone
100 g Zuckerschoten zum Garnieren

Achten Sie auf das richtige Flüssigkeitsverhältnis: Eine gute Paella sollte saftig, aber nicht zu feucht sein.

In einem Topf die Hälfte des Olivenöls erhitzen und darin den Reis kurz anbraten. Gemüsebrühe angießen, Lorbeerblätter dazugeben und eine halbe Stunde garen.

In einer großen Pfanne im restlichen Öl die grobgehackte Zwiebel und den abgezogenen und feingeschnittenen Knoblauch dünsten. Den Lauch gut waschen und in zentimeterbreite Ringe schneiden. Die Paprikasschoten halbieren, entkernen und in Streifen schneiden.

Die Lauchringe, die in Streifen geschnittenen Paprika, den Reis und die Gewürze dazugeben und 10 Minuten köcheln lassen. Unterdessen die Tomaten achteln und die Zucchini in Scheiben schneiden. Alles in die Pfanne geben und weitere 10 Minuten garen. Die Zuckerschoten in heißem Salzwasser 2 Minuten blanchieren Die Oliven und den Zitronensaft kurz vor Ende der Garzeit unter die Paella heben. Mit den Zuckerschoten dekorieren.

Gazpacho andaluz

600 g Tomaten
1 rote Paprikaschote
1 grüne Paprikaschote
1 Salatgurke (ca. 500 g)
2 kleine Schalotten oder 1 Zwiebel
4 Scheiben Vollkorntoastbrot
½ Bund glatte Petersilie
5 EL Olivenöl
2 EL Weinessig
Meersalz
frisch gemahlener Pfeffer

Von den Tomaten die Stielansätze herausschneiden. Die Paprika halbieren und entkernen, die Gurke schälen. Alles klein schneiden und jeweils 2 EL voll zur Seite legen. Den Rest mit den feingeschnittenen Schlotten oder der feingeschnittenen Zwiebel, zwei Scheiben kurz in Wasser eingeweichten Brotscheiben, der feingehackten Petersilie und 2 EL Olivenöl im Mixer pürieren. Mit Essig sowie Salz und Pfeffer würzen und etwa eine Stunde im Kühlschrank kaltstellen.

Die beiden übrigen Brotscheiben würfeln, im restlichen Olivenöl rösten und mit den Gemüsewürfeln zur Kaltschale servieren.

Die kalte Gemüseschale schmeckt am besten, wenn das Gemüse ganz frisch und ausgereift ist. Nehmen Sie dazu keine Fleischtomaten, die haben zu wenig Saft. Wenn Sie in Eile sind, können Sie auch ein paar Eiswürfel zugeben anstatt die Gemüseschale vor dem Servieren kaltzustellen.

Früchtegazpacho

250 g Erdbeeren
250 g Wassermelone
½ Honigmelone
2 Pfirsiche
250 ml Apfelsaft
125 ml Orangensaft
2 EL Zitronensaft
125 ml Sekt
Vollrohrzucker (nach Gusto)
Zimt
frische Minze zum Garnieren

Die Erdbeeren putzen und die Hälfte davon im Mixer oder mit dem Stabmixer pürieren, eventuell mit etwas Vollrohrzucker. Melonen entkernen und Kugeln ausstechen oder in Würfel schneiden. Die Pfirsiche in Spalten zerteilen.

Die Früchte mit dem Erdbeerpüree in eine Schüssel geben und mit Fruchtsaft und Sekt auffüllen. Mit einer Spur Zimt abschmecken und 2 Stunden kühlstellen. Mit der Minze gernieren.

Zwiebeltortilla

250 g Zwiebeln
3 EL Olivenöl
1 mittelgroße Fleischtomate
6 Eier
½ Bund glatte Petersilie
Meersalz
frisch gemahlener schwarzer Pfeffer

Die geschälten Zwiebeln halbieren und in dünne Scheibchen schneiden. Das Öl in einer beschichteten Pfanne erhitzen und die Zwiebeln darin glasig dünsten. Die gewürfelte Tomate dazugeben. Eier in einer Schale verquirlen, die gehackte Petersilie zugeben, mit Salz und Pfeffer würzen und über die Zwiebeln in die Pfanne geben. Mit Deckel auf kleinster Flamme etwa 20 Minuten stocken lassen, bis die Tortilla fest ist. In Dreiecke schneiden und mit grünem Salat servieren.

Kartoffeltortilla

4 Kartoffeln, vorwiegend festkochend (ca. 500g)
1 kleine Zwiebel
4 – 5 EL Olivenöl
6 Eier
Meersalz
weißer Pfeffer
3 – 4 Zweige frischer Thymian

Die Kartoffeln schälen und in 1 Zentimeter große Würfelchen schneiden. Die Zwiebel fein hacken. In einer Pfanne die Hälfte des Öls erhitzen und darin bei kleiner Hitze die Kartoffeln 10 Minuten braten. Zwiebeln zugeben und weitere 4 – 5 Minuten braten lassen. Alles aus der Pfanne herausnehmen und in eine Schüssel geben. Die Eier mit einer Gabel verquirlen, würzen, die Thymianblättchen unterrühren und über die Kartoffeln geben. Das restliche Öl in der Pfanne erhitzen und den Kartoffel-Ei-Mix auf kleiner Flamme braten, bis die Eier zu stocken beginnen. Wenden und von der anderen Seiten durchbraten lassen.

Der Wendetrick: Vergessen Sie den Filmkoch, der gekonnt die Tortilla durch die Luft wirbelt und in der Pfanne wieder auffängt – das geht ohne Übung so gut wie immer schief. Lassen Sie die halbgebratene Tortilla von der Pfanne auf einen Teller gleiten. Mit einem zweiten Teller wird die Tortilla abgedeckt, das Ganze umgedreht und so ganz elegant gewendet.

Andalusischer Zigeunertopf

100 g Kichererbsen
100 g weiße Bohnen
2 EL Olivenöl
1 Zwiebel
2 Knoblauchzehen
200 g grüne Bohnen
300 g Kürbis
1 Birne
Meersalz
frisch gemahlener schwarzer Pfeffer
gemahlener Koriander

Kichererbsen und weiße Bohnen über Nacht einweichen, das Einweichwasser abgießen und die Hülsenfrüchte mit der doppelten Wassermenge aufkochen. Schaum abschöpfen und auf kleiner Flamme eine Stunde garen.

In einer Pfanne das Öl erhitzen, die grobgewürfelte Zwiebel und den in feine Scheiben geschnittenen Knoblauch darin kurz sautieren. Die grünen Bohnen putzen, in mundgerechte Stücke schneiden und den Zwiebeln zugeben. Weitere 2 – 3 Minuten dünsten, dann die Kichererbsen und die weißen Bohnen unterheben. Als letztes Kürbis und Birne schälen und würfeln und untermischen, würzen und das Ganze weitere 30 Minuten kochen.

Kürbissuppe mit Sahnehäubchen

½ Stange Lauch (ca. 100 g)
2 EL Olivenöl
350 g Kürbis
1 Kartoffel (mehlig kochend)
1 kleine Süßkartoffel (kann durch eine Kartoffel ersetzt werden)
1 l Gemüsebrühe
Meersalz und Pfeffer
Muskat und Koriander
100 ml Sahne
Kresse zum Garnieren

Den in Ringe geschnittenen Lauch in heißem Öl andünsten, den Kürbis mit einem scharfen Messer schälen und würfeln. Die Kartoffeln ebenfalls schälen und würfeln. Kürbis und Kartoffeln dazugeben und mit Gemüsebrühe angießen. Mit den Gewürzen abschmecken und 30 Minuten garen.
Im Mixer oder mit dem Schneidestab pürieren. Sahne steif schlagen, pro Portion je 1 TL zurückbehalten und den Rest unter die Suppe ziehen.
Auf Suppenteller verteilen, mit Kresse dekorieren und das Sahnehäubchen daraufsetzen.

Avocadosuppe

3 reife Avocados
2 EL Zitronensaft
500 ml Gemüsebrühe
250 ml Vollmilch
Meersalz und frisch gemahlener schwarzer Pfeffer
100 g Kirschtomaten
frische Minzeblätter zum Garnieren

Die Avocados halbieren und entkernen. Mit einem Löffel das Fruchtfleisch herauslösen und sofort zusammen mit dem Zitronensaft im Mixer pürieren.

In einem Topf die Gemüsebrühe zusammen mit der Milch aufkochen. Mit einem Schneebesen das Avocadopüree unterrühren und mit Salz und Pfeffer abschmecken. Die Kirschtomaten halbieren, zugeben und die Suppe 2 Minuten heiß halten, jedoch nicht mehr kochen. Vor dem Servieren mit Minzeblättern garnieren.

Ensalada mista

1 grüner Salat
250 g Tomaten
1 gelbe Paprikaschote
1 kleine Salatgurke
2 Frühlingszwiebeln
2 Avocados
1 TL Zitronensaft
12 grüne Oliven zum Garnieren

Den gewaschenen Salat in mundgerechte Stücke zerpflücken. Die Tomaten in Scheiben schneiden, die Paprika halbieren, entkernen und in dünne Streifen scheiden und die Salatgurke streifig schälen und würfeln Die Frühlingszwiebeln mit dem Grün in feine Ringe schneiden. Alles mischen und auf einer großen Platte anrichten. Die Avocados schälen, zum Kern hin in dünne Spalten schneiden und sogleich mit ein paar Tropfen Zitronensaft beträufeln, damit sie nicht braun werden. Die Salatplatte mit den Avocados und den Oliven garnieren.

> Wie vielfach auch in Italien üblich, wird in Spanien der Salat immer ohne Dressing serviert. Olivenöl, Rotweinessig, Salz und Pfeffer werden auf den Tisch gestellt und jeder kann sich seine Sauce selbst mischen.

Bohnentopf

1½ Tassen getrocknete weiße Bohnen
1 kleine rote Paprikaschote
1 TL Öl
1 Zwiebel
1 Tomate
1 Knoblauchzehe
1 TL Paprikapulver, scharf
¼ TL Salz

Die Bohnen über Nacht einweichen. Die Paprikaschote einölen und im Backofen ca. 30 Minuten lang backen, bis die Haut anfängt, Blasen zu werfen. Die Paprika anschließend schälen und in kleine Stücke schneiden. Die Tomate mit kochendem Wasser überbrühen und enthäuten. Zwiebel und Tomate in Würfel schneiden und die Knoblauchzehe fein würfeln. Alle Zutaten (bis auf das Salz) mit ca. 800 ml Wasser aufsetzen und mit Deckel ca. 1 Stunde lang köcheln lassen, bis die Bohnen sehr weich sind. Hin und wieder kontrollieren, ob noch genug Wasser vorhanden ist und eventuell etwas Wasser nachgießen. Vor dem Servieren mit Salz abschmekken.

Balearische Spezialitäten – Tafeln wie in den Ferien

Der Insellage ist es zu verdanken, daß auf Mallorca und Menorca eine vielseitige Regionalküche gepflegt wird. Sie gibt sich recht bodenständig, lebt also von dem, was auf den Inseln wächst. Ihren bäuerlichen, mitunter deftigen Charakter kann und will sie auch gar nicht verhehlen. Als auffälliger Fremdeinfluß ist das ausgeprägte arabische Element hervorzuheben, das die muslimischen Besatzer im Mittelalter zurückließen. Zutaten wie Rosinen und Pinienkerne, Kreuzkümmel, Safran und Koriander sorgen für Überraschungen. Die Araber bescherten Mallorca darüber hinaus ein ausgeklügeltes Bewässerungssystem, das es möglich machte, Zitrusplantagen, Weingärten und ausgedehnte Mandelkulturen anzulegen, die noch heute jeden Besucher auf Europas Ferieninsel Nummer Eins in Entzücken versetzen. Von der mallorquinischen Küche wird der Pauschalgast allerdings nur wenig mitbekommen – in den Ferienstädten an der Küste werden fast ausnahmslos international übliche Nullachtfünfzehn-Menüs serviert. Mallorquinisches Essen will entdeckt werden, in der Hauptstadt Palma vielleicht, ganz sicher jedoch weitab der Küste im ursprünglich gebliebenen Hinterland.

Mayonnaise original

4 Knoblauchzehen
4 Eigelb
1 TL scharfer Senf
2 EL Weißweinessig
¼ l Olivenöl
Meersalz
frisch gemahlener weißer Pfeffer

Die Knoblauchzehen abziehen, pressen und mit Eigelb, Senf und Essig kräftig verrühren. Das Olivenöl tropfenweise unter ständigem Rühren in die Tunke geben und so lange rühren, bis sich eine cremige Mayonnaise gebildet hat. Zum Schluß mit Salz und Pfeffer würzen.

Mayonnaise ist eine Erfindung aus Menorca, der Name ist von der Hauptstadt Mahon abgeleitet. Von dort verbreitete sie sich in zahlreichen Varianten über die ganze Welt.

Tomatenbrot mit Olivenöl (Pa amb Oli)

4 Scheiben Vollkornbrot
2 Tomaten
4 EL Olivenöl
Meersalz

Das Brot toasten, mit einer halben Tomate einreiben und auf jede Scheibe etwa 1 EL Olivenöl träufeln. Mit einer Prise Salz würzen.

Pa amb Oli ist das einfachste Rezept, das die mallorquinische Küche zu bieten hat. Trotzdem oder vielleicht gerade deshalb ist es auf der Baleareninsel so etwas wie ein Nationalgericht und wird im Feinschmeckerlokal ebenso selbstverständlich aufgetischt wie in der bäuerlichen Küche, meist als Vorspeise oder für den kleinen Hunger zwischendurch. Es wird allerdings nicht mit Vollkornbrot gemacht, sondern mit dem inseltypischen dunklen Mischbrot (*pan moreno*).

Mallorquinische Weißkohlsuppe

350 g Weißkohl
1 Lauchstange (ca. 200 g)
350 g Tomaten
1 Knoblauchzehe
2 – 3 EL Olivenöl
1 l Gemüsebrühe

Vom Weißkohl den Strunk herausschneiden und das Kraut in dünne Streifen schneiden. Lauch waschen und in 1½ Zentimeter dicke Ringe schneiden. Tomaten grob würfeln, den Knoblauch schälen und in feine Scheiben schneiden.

In einem großen Topf das Öl erhitzen und darin Lauch und Knoblauch 3 – 4 Minuten sautieren. Die Weißkohlstreifen zugeben, mit Gemüsebrühe ablöschen und auf kleiner Flamme etwa 20 Minuten köcheln lassen. Zum Schluß die Tomaten zufügen und weitere 15 Minuten garen.

Als »Sättigungsbeilage« legen sich die Mallorquiner eine Scheibe Brot in den Suppenteller.

Mangold an Rosinen und Pinienkernen

500 g Blattmangold
2 EL Olivenöl
60 g Pinienkerne
1 Knoblauchzehe
1 Tomate
50 g Rosinen
1 Lorbeerblatt
Meersalz
Muskat
frisch gemahlener schwarzer Pfeffer

Mangold waschen, in Streifen schneiden und in heißem Wasser kurz blanchieren.

In dem Olivenöl die Pinienkerne und den feingehackten Knoblauch 2 – 3 Minuten sautieren. Die gewürfelte Tomate, Rosinen, Mangold und die Gewürze zugeben und zugedeckt auf kleiner Flamme 8 – 10 Minuten dünsten. Gelegentlich wenden.

Trempó

4 Tomaten
1 kleine Zwiebel
1 kleine grüne Paprikaschote
1 Apfel
1 reife Birne
1 Prise Meersalz
2 EL Olivenöl
1 EL Zitronensaft
1 EL Birnendicksaft
eine Handvoll Postelein oder Feldsalat

Tomaten in Scheiben und Zwiebel in Ringe schneiden. Die Paprikaschote halbieren, das Kerngehäuse entfernen und die Paprika in ganz feine Streifen schneiden. Den Apfel und die Birne entkernen und in Spalten schneiden.

Gemüse und Früchte miteinander mischen, mit einer Prise Salz würzen und aus Öl, Zitronen- und Birnendicksaft ein Dressing herstellen. Dieses mit den Früchten und dem Gemüse vermischen. Postelein bzw. Feldsalat unterheben und sofort servieren.

Ein typisch leichter Sommersalat aus Mallorca. Für mitteleuropäische Gaumen mag die Kombination von Obst und Zwiebeln etwas fremd sein, doch es harmoniert durchaus.

Schmorgemüse an Tomatensauce (Tumbet)

800 g Tomaten
3 EL Olivenöl
1 Zweig frischer Thymian
400 g Kartoffeln
400 g Auberginen
400 g Zucchini
1 rote Paprika
Meersalz
frisch gemahlener schwarzer Pfeffer

Die Tomaten grob würfeln und in einem Topf in der Hälfte des Olivenöls andünsten. Die abgezupften Thymianblättchen zugeben und auf kleiner Flamme 10 Minuten schmoren.

Kartoffeln schälen, in dünne Scheiben schneiden und in einer zweiten Pfanne im restlichen Öl 5 Minuten braten. Auberginen, Zucchini und die entkernte Paprikaschote grob würfeln, zu den Kartoffeln geben und weitere 10 Minuten dünsten. Mit Salz und Pfeffer würzen.

Das Gemüse in eine feuerfeste Form schichten, die Tomatensauce darüber verteilen und im vorgeheizten Backofen bei mittlerer Temperatur 15 – 20 Minuten garen, bis die Sauce fast verdampft ist.

Mit grünen Blattsalat und geröstetem Vollkornbrot servieren. Das auf Mallorca *Tumbet* genannte Gericht wird bevorzugt in der kühleren Jahreszeit verzehrt.

Sommersalat mit gebackenen Auberginen und Paprika

2 Auberginen (ca. 600 g)
2 große Paprikaschoten, rot
1 große Paprikaschote, grün
300 g Tomaten
1 EL Kapern (nach Belieben)
1 Knoblauchzehe
4 EL Olivenöl
1 EL Rotweinessig
Meersalz
frisch gemahlener schwarzer Pfeffer

Von den Auberginen die Stielansätze abschneiden und zusammen mit den ganzen Paprikaschoten auf ein Backblech legen. Mit Olivenöl beträufeln und darin wenden. Das Gemüse im Backofen bei mittlerer Hitze 30 Minuten garen. Abkühlen lassen und von den Paprika die Haut abziehen, die Schoten entkernen und in fingerbreite Streifen schneiden. Die Auberginen ebenfalls enthäuten und würfeln. Beides mit den gewürfelten Tomaten, den Kapern und der gepreßten Knoblauchzehe in einer Schüssel mischen. Mit Öl und Essig anmachen und mit Salz und Pfeffer abschmecken.

Rührei mallorquin (Ous amb tomàtiga)

1 Zwiebel
3 EL Olivenöl
8 Eier
400 g Tomaten
Meersalz
frisch gemahlener schwarzer Pfeffer
1 Bund Schnittlauch

Die feingehackte Zwiebel in einer Pfanne in heißem Olivenöl glasig dünsten. Die kleingewürfelten Tomaten zugeben, mit Salz und Pfeffer würzen und etwa 10 Minuten auf mittlerer Hitze dünsten, bis die Flüssigkeit fast vollständig verdampft ist. Die Eier in einer Schüssel mit einer Gabel verquirlen und in die Tomaten einrühren. Unter gelegentlichem Wenden garen, bis die Eier stocken. Mit Schnittlauchröllchen garnieren und mit einer Scheibe geröstetem Brot servieren.

> *Ous amb tomàtiga* läßt sich kinderleicht zubereiten und ist genau das Richtige, wenn es einmal schnell gehen soll.

Frankreich

Von Feinschmeckern und Kennern hochgeschätzt und vielfach als die beste Küche der Welt gepriesen – mit diesem Etikett hat die französische Küche schon seit Jahrzehnten zurechtzukommen. Auch aus vegetarischer Sicht hat die Mittelmeerküste zwischen Perpignan und Nizza Überdurchschnittliches zu bieten. Nicht nur kulinarisch, auch kulturlandschaftlich fasziniert das Land. Wer kennt nicht die Bilder aus dem malerischen Hinterland, der Provence, mit duftenden Lavendelfeldern und knorrigen Olivenbäumen. Die »Provinz« am Meer ist eine Agrarregion par excellence, die sonnengereifte Gemüse und Früchte im Überfluß liefert. Obschon die Küche eher bäuerlich geprägt ist, bilden die vegetarischen Spezialitäten aus Südfrankreich einen der Eckpfeiler der französischen Küche. Berühmt und in der Einfachheit fast schon genial sind das Ratatouille und die Tomates à la Provençale, typisch Artischocken und Champignons, lecker und herzhaft die Gratins und Aufläufe. Als Vorspeise werden schmackhafte Salate serviert, beispielsweise der Nizzasalat, der im Original immer grüne Bohnen, Tomaten und gekochte Eier enthält.

Lavendel, Thymian, Rosmarin und andere duftende Kräuter lieben die Sonne. In der Provence fühlen sie sich daher besonders wohl. Sie wachsen hier vor jeder Haustür und geben auch den einfachsten Speisen das gewisse Etwas. Wichtige Zutaten der »Herbes de Provence« sind Thymian, Rosmarin, Lavendel, Bohnenkraut und Ysop, aber auch Lorbeerblätter, Salbei, Estragon und Gewürze wie Muskatnuß, Nelken oder Koriander können enthalten sein. In Südfrankreich wird selten eine Standardmischung verwendet. Vielmehr werden die Kräuter und Gewürze je nach Gericht speziell ausgewählt. Zusammen mit Knoblauch und Olivenöl geben sie vielen Gerichten ihren unverwechselbaren Geschmack – beispielsweise dem Ratatouille. Von diesem Gemüsegericht kann ruhig etwas mehr zubereitet werden. Denn sollte wirklich etwas übrigbleiben, kann es im Kühlschrank noch für den nächsten Tag aufbewahrt werden und schmeckt dann auch kalt.

Kulturell und kulinarisch stehen die Südfranzosen den übrigen Mittelmeerländern näher als dem französischen Mutterland. So finden sich in provenzalischen Kochtöpfen Gerichte wie das »Pistou«, eine Kräuterpaste, die viel Ähnlichkeit mit dem italienischen Pesto hat, oder die Aioli, eine Knoblauchmayonnaise, die es auch in Spanien gibt.

Schafs- und Ziegenkäse wird im Land der Käseliebhaber ebenfalls gerne und reichlich gegessen. Er ist Salatzutat oder sättigende Beigabe zu gebratenem oder geschmortem Gemüse. Mit etwas Baguette läßt sich damit auch ein Menü abschließen. Beispielsweise mit in Olivenöl eingelegtem Schafs- oder Ziegenkäse, der mit Knoblauch und Thymian oder Rosmarin gewürzt wird – ein einfaches Gericht, sehr lecker und mediterran.
Bon appétit!

Basilikumcremesuppe

1 EL Butter
1 Zwiebel
300 g Kartoffeln
2 Bund Basilikum
0,75 l Gemüsebrühe
Meersalz
frisch gemahlener schwarzer Pfeffer
100 g Crème fraîche
1 EL Zitronensaft
½ Bund Schnittlauch zum Garnieren

Die Butter in einem Topf auslassen und die feingehackten Zwiebeln darin glasig dünsten. Die Kartoffeln schälen, kleinwürfeln und den Zwiebeln zugeben. Das Basilikum von den Stielen zupfen und in den Topf geben. Mit Gemüsebrühe ablöschen und auf kleiner Flamme 15 Minuten kochen, bis die Kartoffeln gar sind. Die Suppe im Mixer oder mit dem Schneidestab pürieren. Mit Salz und Pfeffer würzen, mit dem Schneebesen die Crème fraîche unterziehen und mit dem Zitronensaft abschmecken. In Portionsschälchen füllen und mit Schnittlauchröllchen garnieren.

Tomaten provenzalischer Art

4 Fleischtomaten
½ Bund glatter Petersilie
Knoblauch nach Belieben
4 EL Vollkornsemmelbrösel
4 EL Olivenöl
frisch gemahlener schwarzer Pfeffer
Meersalz
Fett für die Form

Tomaten halbieren und in eine eingefettete ofenfeste Form setzen. In einem Schälchen die feingehackte Petersilie und die Knoblauchscheibchen mit Semmelbröseln, Öl und Gewürzen mischen und auf die Tomaten verteilen. Im vorgeheizten Backofen etwa 20 Minuten backen.

Ratatouille

1 Zwiebel
2 Knoblauchzehen
4 EL Olivenöl
1 rote Paprikaschote
1 grüne Paprikaschote
600 g Tomaten
1 Aubergine (ca. 300 g)
1 Zucchini (ca. 300 g)
Meersalz
schwarzer Pfeffer
1 Lorbeerblatt
frischer Thymian

Die Zwiebel grob würfeln, die Knoblauchzehen abziehen und in feine Scheiben schneiden. In einem großen Topf das Öl erhitzen und Zwiebeln und Knoblauch darin 6 – 8 Minuten andünsten. Unterdessen die Paprikaschoten entkernen und in Streifen schneiden. Tomaten, Aubergine und Zucchini grob würfeln. Das Gemüse den Zwiebeln zufügen, mit Salz und Pfeffer würzen und mit Lorbeerblatt und Thymian auf kleiner Flamme etwa 25 Minuten schmoren lassen.

Wichtig! Ein gutes Ratatouille schmort im eigenen Saft, geben Sie also kein Wasser zu. Als Serviertip empfehle ich roten Naturreis aus der Carmargue.

Artischocken mit Kräuterdip

1 unbehandelte Zitrone
½ TL Meersalz
4 Artischocken (à 200 g)

Für den Dip:
2 hartgekochte Eier
2 – 3 EL gehackte Kräuter (Schnittlauch, Petersilie, Dill)
100 g Naturjoghurt
1 TL Senf
2 EL Weißweinessig
5 EL Sonnenblumenöl
frisch gemahlener weißer Pfeffer
wenig Salz

Die in Scheiben geschnittene Zitrone in einem großen Topf mit gesalzenem Wasser zum Kochen bringen. Von den Artischocken die unteren Blätter entfernen und den Stengel abtrennen. Die stachligen Spitzen der Blätter mit einer Schere abschneiden. Die Artischocken ins kochende Wasser geben und 25 – 30 Minuten kochen. Sie sind gar, wenn sich die Blätter leicht abzupfen lassen.

In der Zwischenzeit die Eier hart kochen, abschrecken, schälen und fein würfeln. Die Kräuter fein hacken. In einem Schälchen die übrigen Dip-Zutaten miteinander verrühren und die Kräuter und die feingewürfelten Eier unterrühren.

So ißt man Artischocken: Die Blätter herauszupfen und in die Sauce stippen und mit den Zähnen das zarte Fruchtfleisch vom Blatt abziehen. Besonders lecker ist am Schluß das Artischockenherz. Eine tolle Vorspeise, reichen Sie ein Stück Baguette dazu.

Zucchini im Cidreteigmantel

200 g Vollkornmehl
2 Eier
1 Flasche Cidre (0,75 l)
Meersalz
800 g Zucchini
Olivenöl zum Braten

Mehl, Eier und 300 ml Cidre in einer Schüssel mischen, salzen und eine halbe Stunde quellen lassen. Derweil die Zucchini in fingerdicke Scheiben schneiden und im restlichen Cidre 3 Minuten blanchieren. Mit einem Schaumlöffel herausnehmen und auf Küchenkrepp abtropfen lassen. Dann die Zucchini durch den Teig ziehen und in heißem Öl knusprig ausbacken.

Eine leckere Vorspeise, dazu wird ein Kräuter-Dip gereicht.

Spinatcrêpes

Für die Crêpes:
½ l Vollmilch
2 Eier
100 g Weizenmehl Type 1050
Meersalz
Olivenöl zum Ausbacken

Für die Füllung:
2 EL Pinienkerne
750 g junger Blattspinat
2 Schalotten
Öl zum Dünsten
125 g Schafskäse
1 Prise Meersalz
frisch gemahlener Pfeffer

Milch und Eier mit dem Schneebesen oder im Rührgerät verquirlen. Das Mehl langsam unterarbeiten und mit einer Prise Salz abschmecken. Den Teig eine Viertelstunde beiseite stellen.

Unterdessen die Pinienkerne in einem kleinen Pfännchen ohne Fett kurz rösten. Den Spinat putzen, gut waschen und abtropfen lassen. Die feingehackten Schalotten in heißem Öl in einem großen Topf glasig dünsten. Den Spinat zugeben und zugedeckt kurz erhitzen, bis er zusammengefallen ist. Die Pinienkerne und den zerbröckelten Käse untermischen, mit Salz und Pfeffer abschmecken.

In einer kleinen beschichteten Pfanne etwas Olivenöl erhitzen, 3 EL Teig hineingeben und mit dem Löffel schnell auseinanderziehen. Beidseitig kurz ausbraten. Die fertigen Crêpes warmhalten (ergibt je nach Pfannengröße etwa 8 – 10 Stück). Auf jeden Crêpe einen Klecks Füllung geben, den Crêpe zweimal falten, fertig!

Korsische Kartoffelpfanne mit Schafskäse

800 g festkochende Kartoffeln
5 – 6 EL Olivenöl
100 g schwarze Oliven
150 g Schafskäse
Meersalz
schwarzer Pfeffer
1 TL frischer Rosmarin

Die Kartoffeln in Wasser für etwa 15 Minuten garen, schälen und abkühlen lassen. Dann je nach Größe vierteln oder achteln.

In einer Pfanne das Öl erhitzen und die Kartoffeln darin bräunen. Die Oliven und den zerbröckelten oder in Würfel geschnittenen Käse dazugeben. Mit Salz und Pfeffer würzen, mit einem TL Rosmarin bestreuen und alles weitere 3 – 4 Minuten braten.

Die Kartoffeln lassen sich besser schneiden, wenn sie schon am Vortag gekocht wurden. Nehmen Sie zum Würzen des Gerichts nur wenig Salz, der Schafskäse ist schon salzig genug.

Zuckerschoten in feiner Sauce

500 g Zuckerschoten
1 EL Butter
1 – 2 Schalotten
200 g Crème fraîche
100 g süße Sahne
1 – 2 EL Zitronensaft
Meersalz
frisch gemahlener Pfeffer

Die Zuckerschoten putzen und in heißem gesalzenem Wasser lediglich 1 – 2 Minuten blanchieren, damit sie schön knackig bleiben. Die Butter in einer Pfanne auslassen und darin die feingehackten Schalotten glasig dünsten. Nacheinander die Crème fraîche, die Sahne und den Zitronensaft einrühren und mit Salz und Pfeffer abschmecken.Die abgetropften Zuckerschoten unter die Sauce heben und 2 – 3 Minuten köcheln lassen.

Zuckerschoten sind eine Delikatesse, die es im Frühsommer nur wenige Wochen zu haben gibt. Dann heißt es wieder ein ganzes Jahr zu warten! Sie passen gut zu Naturreis oder Nudeln.

Champignonpfanne

600 – 800 g weiße Champignons
1 große Zwiebel
1 Knoblauchzehe
40 g Butter
½ Bund Petersilie
Meersalz
frisch gemahlener weißer Pfeffer

Von den Champignons den Wurzelansatz abschneiden und die Pilze in Scheiben schneiden. Die Zwiebel würfeln. Den Knoblauch abziehen und pressen.

In einer großen Pfanne die Butter auslassen und die Pilze darin etwa 4 Minuten sautieren. Zwiebeln und Knoblauch zugeben und weitere 3 Minuten braten. Die gehackte Petersilie unterheben. Mit Salz und Pfeffer würzen und nochmals eine Minute ziehen lassen.

Zu Langkornreis servieren.

Um zu verhindern, daß die Champignons Wasser abgeben, braten Sie diese gegebenenfalls portionsweise oder in 2 Pfannen. Sie können den Pilzen auch einen fernöstlichen Touch geben und, ganz unfranzösisch, eine Minute vor Schluß 1 – 2 EL Sojasauce unterrühren, dafür dann allerdings etwas weniger salzen.

Pfifferlinge in Rahmsauce

500 g Pfifferlinge
2 Schalotten
2 EL Butter
3 EL glatte Petersilie, feingehackt
150 g Crème fraîche
Meersalz
frisch gemahlener schwarzer Pfeffer

Die Pfifferlinge nicht waschen, sondern mit einem Pinsel eventuelle Erdreste entfernen. In einer großen schweren Pfanne die Butter auslassen und die feingewürfelten Schalotten und die Pilze 4 – 5 Minuten braten. Petersilie und Creme fraîche zugeben, mit Salz und Pfeffer würzen und weitere 3 – 4 Minuten dünsten.

Leichte Sommersalate

Das Geheimnis einer guten Salatküche heißt Abwechslung. Das Angebot an Blattsalaten ist größer denn je, neben den Klassikern wie Kopf- und Feldsalat bereicherten französische und italienische Züchter die Salatlandschaft um Frisée und Rougette, Latuga Romana, Lollo Rosso und Rucola, dazu gesellen sich Eichblatt, Batavia und Eisberg, und auch fast schon vergessene und ausgefallene Sorten wie Postelein, Zuckerhut und Löwenzahn finden wieder ihre Liebhaber.

Nicht nur die Blätter lassen sich variieren und mixen, auch das Dressing will an den jeweiligen Salat angepaßt und gelegentlich verändert werden. In Frankreich gilt zwar die Vinaigrette als Nonplusultra, doch daneben empfehlen sich auch Joghurt-, Sahne- und Crème fraîche-Saucen. Experimentieren Sie mit verschiedenen Ölen, neben Olivenöl aus erster Pressung darf es in der mediterranen Küche auch Walnußöl oder, sofern nicht raffiniert, Traubenkernöl sein. An Essig steht Weinessig im Vordergrund, wahlweise rot oder weiß. In Frankreich wird gerne Himbeer-, Cidre- und Estragonessig verwendet, und ein Blick nach Italien bereichert die Salatküche mit Balsam-Essig (Aceto Balsamico), einem der besten Essige der Welt, der nicht nur durch seine fast schwarze Farbe aus dem Rahmen fällt, sondern auch durch ein einzigartiges Aroma besticht.

Wer nicht dem Schlankheitswahn verfallen ist, darf die Salatschüssel ruhig um kleine Beilagen aufwerten, seien es Käsestifte, Croûtons, Oliven, hartgekochte Eier, Walnüsse oder Pinienkerne. Bleiben noch die Kräuter: Für eine typisch mediterrane Note sorgen Oregano und Thymian, aber auch Minze und Korianderkraut (Cilantro). Noch was vergessen? Ach ja, Lauchgewächse wie Schnittlauch, Frühlingszwiebeln, Schalotten und natürlich die eine oder andere Knoblauchzehe.

Spargelsalat mit Brunnenkresse

400 g weißer Spargel
1 TL Zitronensaft
2 Bund Brunnenkresse
1 Bund Radieschen

Für die Marinade:
3 EL Distelöl
1 EL Zitronensaft
2 El Apfelessig
1 Msp geriebener Meerrettich
Meersalz
frisch gemahlener weißer Pfeffer

Den Spargel schälen, eventuelle holzige Enden abschneiden. In etwa 3 Zentimeter lange mundgerechte Stücke schneiden und sofort in einem großen Topf mit Salzwasser und Zitronensaft geben und 10 Minuten kochen. Die Brunnenkresse putzen und gut abtropfen lassen. Die Radieschen in Scheiben schneiden und mit der Kresse unter den abgekühlten Spargel mischen. Aus den Saucenzutaten eine Marinade anrühren und unter das Gemüse heben.

Frisée mit Gruyère

1 Friséesalat
80 g Gruyère

Für die Salatsauce:
3 – 4 EL Crème fraîche
1 TL Dijon-Senf
4 EL Walnuß- oder Olivenöl
2 EL Weinessig
Meersalz
Pfeffer

Salat waschen und gut abgetropft in Streifen schneiden. Den Käse raffeln. Aus den übrigen Zutaten eine Salatsauce rühren, über den Salat gießen, alles gut vermischen und zuletzt den Käse darüberstreuen.

Blattsalat mit Joghurtdressing

1 Kopf grüner Blattsalat (z.B. Kopfsalat, Römer, Batavia)
4 – 5 Blätter Radicchio

Für das Dressing:
3 EL Naturjoghurt
3 EL saure Sahne (oder Schmand)
1 EL Zitronensaft
Meersalz
frisch gemahlener Pfeffer

Zum Garnieren:
1 Bund Schnittlauch

Den gewaschenen und gut abgetropften Salat zerpflücken, den Radicchio in breite Streifen schneiden. In einem Schälchen Joghurt, saure Sahne und Zitronensaft cremig rühren, würzen und unter den Salat heben.
Den Schnittlauch in feine Röllchen schneiden und darüberstreuen.

Eichblattsalat mit Avocados

1 roter Eichblattsalat
1 Lauchzwiebel
1 TL Zitronensaft
1 reife Avocado zum Garnieren

Für das Dressing:
3 EL Crème fraîche
2 EL Sonnenblumenöl
1 EL Weißweinessig
Meersalz
frisch gemahlener Pfeffer

Den Salat waschen, gut abtropfen lassen und zerpflücken. Die Lauchzwiebel mit Grün feinhacken. Die Avocado schälen, teilen und den Kern herausnehmen. Das Fruchtfleisch in 1 Zentimeter dicke Spalten schneiden und sofort mit Zitronensaft beträufeln. In einem Schälchen die Saucenzutaten anrühren und unter den Salat heben. Mit den Avocadostreifen garnieren.

Löwenzahnsalat in Vinaigrette

1 mittelgroßer Löwenzahnsalat
10 – 12 schwarze Oliven

Für die Vinaigrette:
2 EL Weißwein- oder Estragonessig
1 TL Dijon-Senf
frisch gemahlener weißer Pfeffer
Meersalz
5 EL Olivenöl

Den Salat waschen, gut abtropfen lassen und in breite Streifen schneiden. Die Oliven zugeben. In einem Schälchen den Essig mit Senf und Gewürzen anrühren. Das Olivenöl unter ständigem Rühren langsam zugeben und so lange rühren, bis eine sämige Sauce entsteht. Die Vinaigrette unter den Salat heben.

Zuckerschotenrohkost mit Walnüssen

500 g Zuckerschoten
1 Frühlingszwiebel

Für die Marinade:
3 EL Distelöl
1 EL Apfelessig
1 EL Zitronensaft
Meersalz
frisch gemahlener Pfeffer

Zum Garnieren:
2 EL gehackte Walnußkerne

Die Zuckerschoten in heißem Wasser eine Minute blanchieren und sofort kalt abschrecken. Die Frühlingszwiebel ganz fein hacken, das Zwiebelgrün in feine Ringe schneiden. Die Zwiebeln zu den abgekühlten Schoten geben. Aus Öl, Essig, Zitronensaft, Salz und Pfeffer eine Marinade anrühren und unter die Schoten heben. Mit gehackten Walnüssen bestreuen.

Spinatsalat mit marinierten Champignons

250 g junger Blattspinat

Für die Marinade:
4 EL Olivenöl
2 EL Weißweinessig (oder Balsamico)
Meersalz
frisch gemahlener schwarzer Pfeffer
125 g Champignons

Zum Garnieren:
1 Bund Schnittlauch

Die Spinatblätter von den Stielen befreien und gründlich waschen. Abtropfen lassen und in grobe Streifen schneiden. Öl, Essig, Salz und Pfeffer zu einer Marinade anrühren. Die geputzten Pilze in 3 – 4 mm dünne Scheibchen zerteilen, die Marinade darübergeben, einige Minuten ziehen lassen und unter den Spinat heben. Schnittlauch in feine Röllchen schneiden und auf den Salat streuen.

Ziegenfrischkäse an Kräutervinaigrette

1 Frühlingszwiebel mit Grün
1 Chicorée
4 runde Ziegenfrischkäse à 80 g

Für die Vinaigrette:
1 EL glatte Petersilie
1 EL Dill
1 EL Zitronenmelisse
6 – 8 EL Olivenöl
1 – 2 EL Zitronensaft, frisch gepreßt
Meersalz
frisch gemahlener schwarzer Pfeffer

Die Frühlingszwiebel sehr fein hakken, das Zwiebelgrün in feine Ringe schneiden. Vom Chicorée vier schöne große Blätter abnehmen, den etwas bitteren Strunk herausschneiden und den Rest in 1 Zentimeter dicke Ringe schneiden. Die Chicoréeblätter auf einer Platte anrichten und den Ziegenfrischkäse hineinsetzen. Die Zwiebeln und den geschnittenen Chicorée über dem Käse verteilen. Aus den feingehackten Kräutern, Öl, Zitronensaft und den Gewürzen eine Vinaigrette anrühren und über den Käse träufeln.

Als Vor- oder Nachspeise servieren.

Salade Niçoise

200 g grüne Bohnen
400 – 500 g Tomaten
2 Schalotten
1 kleine grüne Paprikaschote
1 kleine rote Paprikaschote
1 Kopf Blattsalat (Kopfsalat, Eichblatt oder Batavia)

Für die Sauce:
2 – 3 EL Weißweinessig
5 – 6 EL Olivenöl
Meersalz
frisch gemahlener schwarzer Pfeffer
½ TL Kräuter der Provence

Zum Garnieren:
12 schwarze Oliven
frischer Basilikum
4 Eier

Der Salatklassiker aus Nizza wird vielfach mit Thunfisch und Sardellenfilets angerichtet, doch ist er auch ohne beides gehaltvoll genug.

Von den Bohnen Stielansätze wegschneiden, die Bohnen waschen und in streichholzlange Stücke schneiden. In kochendem Salzwasser 10 Minuten garen, so daß sie noch bißfest bleiben. Mit kaltem Wasser abschrecken.

Unterdessen die Eier hart kochen, schälen und vierteln. Tomaten in Scheiben, Schalotten in feine Ringe schneiden. Die Paprikaschoten halbieren, das Kerngehäuse herausnehmen und in feine Streifen schneiden. Den gewaschenen Salat zerpflücken.

Die Saucenzutaten in einem Schälchen anrühren und unter den Salat heben. Mit Oliven, Basilikumblättern und den Eier garnieren.

Gratins – Überbackenes aus der Röhre

Sicherlich kennen Sie den verführerischen Duft aus dem Backofen, der außer Küche und Wohnung sich nicht selten im ganzen Treppenhaus ausbreitet. Diese Aromawolken stammen nicht selten von Gratins und Aufläufen, die einfach und unkompliziert herzustellen sind und sich auch für Besuch gut vorbereiten lassen. Gratinieren heißt zugleich, ein Gericht mit wenig Aufwand zu veredeln. Das kurz blanchierte oder vorgegarte Gemüse braucht lediglich mit Sahne oder einer Käseschicht abgedeckt zu werden, und schon nach wenigen Minuten bildet sich im Backofen eine aromatische und wohlschmeckende Kruste, die gleichzeitig das darunter liegende Gemüse saftig hält. Einmal im Ofen drin, kann man dem Ergebnis in aller Ruhe entgegensehen. Brutzelnd heiß wird die feuerfeste Form schließlich aus der Röhre gezogen und auf den Tisch gestellt – fertig!

Gratinierter Kohlrabi

2 große Kohlrabi
Meersalz
frisch gemahlener Pfeffer
Muskat
300 g Sahne
60 g Gruyère
Fett für die Form

Von den Kohlrabi die Stengel abnehmen und die feinen Herzblättchen zur Seite legen. Die Kohlrabi schälen, halbieren, in dünne Scheiben schneiden und in kochendem Salzwasser 6 – 8 Minuten al dente garen. Das Gemüse ziegelartig in eine gut gefettete Form geben, würzen und die Sahne darübergießen. Im vorgeheizten Backofen bei mittlerer Temperatur 25 Minuten garen. Kurz vor Ende der Garzeit den geriebenen Käse darüberstreuen.

Vor dem Servieren mit den feingehackten Herzblättchen dekorieren.

Rosenkohlgratin

500 g Rosenkohl
1 TL Butter
1 Zwiebel
frisch gemahlener schwarzer Pfeffer
Muskat
100 g Schmand oder saure Sahne
125 g Gruyère
3 EL Sonnenblumenkerne zum Garnieren
Fett für die Form

Den geputzten und gewaschenen Rosenkohl in Salzwasser etwa 8 Minuten al dente kochen. Unterdessen in der ausgelassenen Butter die feingehackte Zwiebel 2 – 4 Minuten glasig dünsten.

Den kalt abgeschreckten Rosenkohl in eine eingefettete Auflaufform geben, Zwiebeln zugeben, mit Pfeffer und Muskat abschmecken und den Schmand und den geriebenen Käse darauf verteilen. Im vorgeheizten Backofen bei mittlerer Hitze 15 Minuten backen.

In einem Pfännchen die Sonnenblumenkerne ohne Fett 2 – 3 Minuten rösten und über das Gratin streuen.

Gratinierte Mangoldstiele

600 g Mangoldstiele
150 g Gruyère
1 EL Butter
125 g Crème fraîche
2 EL Paniermehl
2 EL Olivenöl

Von dem Mangold die grünen Blätter abschneiden und für ein anderes Gericht aufheben (siehe beispielsweise Seite 21). Die Stiele waschen und in 1½ Zentimeter breite Streifen schneiden und in Salzwasser 3 Minuten blanchieren. Den Käse in Stifte raffeln.

Eine feuerfeste Form mit Butter einfetten und eine Schicht Mangold hineingeben, mit einer Schicht Käse bestreuen und etwas von der Crème fraîche darüberstreichen. In dieser Folge weitere Lagen einschichten, zum Schluß mit Paniermehl bestreuen und mit dem Olivenöl beträufeln. Im vorgeheizten Backofen bei mittlerer Hitze 15 – 20 Minuten gratinieren.

Mit Backkartoffeln und Friséesalat servieren.

Kartoffelgratin mit Äpfeln

800 g vorwiegend festkochende Kartoffeln
2 – 3 große säuerliche Äpfel (ca. 400 g)
1 TL Butter
Meersalz
frisch gemahlener schwarzer Pfeffer
250 g Sahne
2 EL Olivenöl
frischer Oregano zum Garnieren

Kartoffeln schälen und in ganz dünne Scheiben schneiden. Äpfel halbieren, das Kerngehäuse herausnehmen und ebenfalls in dünne Scheiben schneiden. Eine Auflaufform mit Butter einfetten und Kartoffeln und Äpfel ziegelartig hineinschichten und kräftig mit Salz und Pfeffer würzen. Sahne und Olivenöl darübergeben und im vorgeheizten Backofen 50 Minuten bei 200° C garen.

Vor dem Servieren mit frischem Oregano garnieren.

Vollwertköstler sparen sich das Kartoffelschälen, besonders im Herbst, wenn gerade die neuen Kartoffeln aus dem Boden kommen.

Überbackene Auberginen

1 kg Auberginen
6 – 8 EL Olivenöl
2 Knoblauchzehen
Fett für die Form
500 g Tomaten
Meersalz
frisch gemahlener Pfeffer
150 g Bergkäse

Auberginen der Länge nach in ½ Zentimeter dicke Scheiben schneiden. In einer beschichteten großen Pfanne Öl erhitzen und die Auberginenscheiben mit dem feingeschnittenen Knoblauch portionsweise beidseitig kurz anbraten.

Eine Auflaufform einfetten, die Auberginen hineinschichten. Tomaten in Scheiben schneiden und zwischen jede zweite Auberginenreihe stecken. Mit Salz und Pfeffer würzen. Im vorgeheizten Backofen bei mittlerer Temperatur 10 Minuten garen. Käsescheiben darüberlegen und nochmals einige Minuten überbacken.

Überbackenes Gemüse der Provence

250 g Zucchini
250 g Auberginen
2 EL Olivenöl
2 Zwiebeln
500 g Tomaten
Fett für die Form
frischer Rosmarin und Thymian (ersatzweise ½ TL Kräuter der Provence)
125 g französischer Bergkäse
1 – 2 EL Semmelbrösel
2 – 3 EL Olivenöl

Zucchini und Auberginen in dicke Scheiben schneiden und in heißem Wasser 3 – 4 Minuten blanchieren. In heißem Öl die in Ringe geschnittenen Zwiebeln glasig dünsten. Tomaten in Scheiben schneiden.

Das Gemüse in eine eingefettete Form schichten, mit Kräutern, geriebenem Käse und Semmelbröseln bestreuen. Zum Schluß das Olivenöl darüberträufeln und im vorgeheizten Backofen bei mittlerer Temperatur 15 Minuten gratinieren.

Herbe Früchtchen – Oliven

Der Olivenbaum prägt wie kein anderer Baum die Landschaften rund ums Mittelmeer. Schon seit Jahrtausenden ist das so, und ebenso lange schon werden seine Früchte zur Ölgewinnung genutzt. Olivenöl ist das A und O der mediterranen Küche und das Speiseöl schlechthin: aromatisch, bekömmlich und gesund zugleich. Scheuen Sie keine Kosten, und achten Sie beim Kauf auf den Zusatz »nativ extra«. Öl dieser Art wird ausschließlich mit mechanischen Verfahren gewonnen und zeichnet sich durch eine milde Säure aus.

Neben dem Öl wird oftmals vergessen, daß Oliven für sich allein als Ganzes verzehrt eine Delikatesse sein können. Frisch vom Baum sind die Früchte ungenießbar. Erst durch monatelanges Ziehen in Wasser werden sie entbittert und kommen so erst lange nach der Ernte in Salzlake, Essig oder Öl eingelegt in den Handel. Je nach Reifegrad werden verschiedenfarbige Sorten unterschieden: Grüne Oliven sind halbreif geerntet und weniger fetthaltig, aber auch weniger aromatisch als die ausgereifteren violetten oder vollreifen schwarzen Oliven. Auch auf die Region kommt es an. Besonders empfehlen kann ich Ihnen neben den schwarzen Oliven aus der Provence die ebenfalls schwarzen Kalamata-Oliven aus Griechenland.

Bunte Olivenbutter

125 g entkernte schwarze Oliven
1 frische rote Peperoni (mild)
1 Bund glatte Petersilie
1 Prise Meersalz
250 g Butter

Die abgetropften Oliven ganz fein würfeln. Die Peperoni der Länge nach aufschneiden, entkernen und ebenfalls sehr fein schneiden. Petersilie fein hacken. Die zimmerwarme Butter verrühren. Alle Zutaten unter die Butter mischen. In ein Schälchen geben und kühlstellen.

Tapenade (schwarze Olivenpaste)

150 g schwarze Oliven ohne Steine
1 – 2 EL Kapern
50 – 60 ml Olivenöl
frisch gemahlener schwarzer Pfeffer
Zitronensaft

Oliven, Kapern und Öl im Mixer oder mit dem Schneidestab zu einer feinen Paste pürieren. Mit Pfeffer würzen und einem Spritzer Zitronensaft abschmecken.

Tapenade wird in der Provence auf getoastetes Brot gestrichen und paßt als Dip auch gut zu Gemüse und Getreidegerichten. In einem Schraubglas verschlossen hält sie sich gekühlt mehrere Tage.

Eingelegte Oliven mit Schafskäse

1 Knoblauchzehe
1 Lauchzwiebel
150 g korsischer Schafskäse (Feta)
1 – 2 Zweige frischer Rosmarin
75 g schwarze Oliven
75 g grüne Oliven
ca. ¼ l Olivenöl

Den Knoblauch schälen und in feine Scheiben schneiden. Das Grün der Lauchzwiebel in Ringe schneiden, die übrige Zwiebel fein hacken. Den Schafskäse trockentupfen und würfeln. Die Rosmarinnadeln von den Zweigen lösen. Alle Zutaten in ein Schraub- oder Einweckglas schichten und mit Olivenöl auffüllen, so daß alles bedeckt ist. Mindestens 3 Tage an einem kühlen Platz, jedoch nicht im Kühlschrank, durchziehen lassen.

Schmorgurken mit Sahneoliven

400 g Schmorgurken
1 Zwiebel
1 EL Butter
200 g süße Sahne
Meersalz
frisch gemahlener Pfeffer
125 g schwarze Oliven ohne Steine
1 EL Zitronensaft
2 Stengel frischer Basilikum

Die Gurken schälen, längs halbieren und die Kerne herausnehmen. In grobe Streifen schneiden. Die Zwiebel fein hacken und in einer Pfanne in der heißen Butter glasig dünsten. Gurken dazugeben, mit der Sahne ablöschen und mit Salz und Pfeffer würzen. Zugedeckt auf kleinster Flamme 15 Minuten dünsten. Oliven und den frisch gepreßten Zitronensaft zugeben und weitere 3 – 5 Minuten köcheln lassen. Die Basilikumblätter von den Stengelchen zupfen, grob schneiden und vor dem Servieren unterheben.

Reichen Sie dazu kernigen Langkornreis und einen grünen Salat.

Blumenkohl mit schwarzen Oliven

1 Blumenkohl
1 mittelgroße Zwiebel
2 EL Olivenöl
100 g schwarze Oliven
1 TL Butter für die Form
Meersalz
weißer Pfeffer
Muskat
125 g Gemüsebrühe
80 g Hartkäse

Den Blumenkohl in Röschen zerteilen und im Dämpfeinsatz oder in kochendem Wasser 2 – 3 Minuten kochen, abgießen und kalt abschrecken.
Die Zwiebel würfeln und in Öl 2 – 3 Minuten glasig dünsten. Oliven zugeben und weitere 2 Minuten mitdünsten.

Blumenkohl mit den Oliven und Zwiebeln in eine mit Butter eingefettete Auflaufform schichten. Würzen und die Gemüsebrühe angießen. Die Form abdecken und im vorgeheizten Backofen 20 Minuten backen. Den geriebenen Käse über den Blumenkohl streuen und ohne Deckel nochmals 8 – 10 Minuten weitergaren.

Ziegenkäsesalat mit Oliven

50 g grüne Oliven
50 g schwarze Oliven
200 g Ziegenschnittkäse
3 Tomaten
3 EL Walnußöl
1 EL Zitronensaft
Meersalz
½ Bund frischer Basilikum zum Garnieren

Die abgetropften Oliven mit dem gewürfelten Käse und den in Scheiben geschnittenen Tomaten mischen. Aus Öl, Zitronensaft und Salz ein Dressing rühren und darübergeben. Mit Basilikumblättern dekorieren.

Kartoffel-Oliven-Salat

800 g Salatkartoffeln
1 mittelgroße rote Zwiebel
150 g schwarze und grüne Oliven ohne Steine

Für die Marinade:
1 frische rote Peperoni (mild)
1–2 Zweiglein frischer Rosmarin
4 EL Olivenöl
3 EL Weißweinessig
4 EL frisch gepreßter Orangensaft
Meersalz
frisch gemahlener schwarzer Pfeffer
2 EL gehackte Petersilie zum Garnieren

Kartoffeln in Wasser 20 Minuten garen. Abgießen, kurz abkühlen lassen, dann schälen und in Scheiben schneiden. Die Zwiebel halbieren und in Halbringe schneiden. Die Oliven abtropfen lassen und zu den Kartoffeln und den Zwiebeln in eine Schüssel geben. Peperoni der Länge nach aufschneiden, die Kerne herausnehmen und fein hacken. Rosmarinnadeln abzupfen. Peperoni und Rosmarin mit den übrigen Saucenzutaten zu einer Marinade anrühren und unter die Kartoffeln mischen. 20 Minuten ziehen lassen, gelegentlich wenden. Vor dem Servieren mit Petersilie bestreuen.

Fenchelgemüse an Oliven

600 g Fenchel
2 Schalotten
2 EL Olivenöl
2 Eiertomaten
75 g schwarze Oliven
Meersalz
Pfeffer
frischer Basilikum
Fenchelgrün zum Garnieren

Die Fenchelknollen putzen und etwas Fenchelgrün zum Garnieren zur Seite legen. Die Knollen der Länge nach teilen und in Streifen schneiden. In einer großen Pfanne die in feine Ringe geschnittenen Schalotten in heißem Öl dünsten und den Fenchel zugeben. Beides etwa 10 Minuten auf kleiner Flamme 10 Minuten dünsten, dabei aufpassen, daß nichts anbrennt. Die gewürfelten Tomaten und die Oliven unter den Fenchel mischen, mit etwas Salz und Pfeffer abschmecken und das Ganze weitere 10 Minuten garen.

Vor dem Servieren die grobgeschnittenen Basilikumblätter unterheben und mit Fenchelgrün garnieren.

Italien

Wem zu »Bella Italia« nur Spaghetti und Pizza einfällt, hat in kulinarischer Hinsicht einiges verpaßt. Denn so unterschiedlich die Landschaften Italiens sind, so verschieden sind auch die Zubereitungsarten und typischen Gerichte der einzelnen Regionen. Obwohl die Grenzen der Eßkulturen natürlich fließend sind, so haben die italienischen Regionalküchen doch ihren unverwechselbaren Charakter bewahrt.

In der Lombardei hat das Risotto eine kulinarische Heimat gefunden. Und da Gorgonzola dort auf fast jeder Käseplatte zu finden ist, liegt es nahe, den Edelpilzkäse auch für ein Reisgericht zu verwenden. Eines der bekanntesten Gerichte der Mailänder Küche ist aber das »Risotto alla Milanese«, der klassische Safranreis. Eine andere Spezialität der nördlichen Region sind »Gnocchi Verdi«, kleine Kartoffelklößchen mit Spinat.

In der Gegend um Bologna, in der Emilia Romagna, schätzt man besonders hausgemachte Nudeln wie grüne Lasagne oder gefüllte Tortellini. Der echte Parmesan, aus der italienischen Küche nicht wegzudenken, wird hier hergestellt.

Aus Kampanien stammt der ebenso bekannte Mozzarella, der früher aus Büffelmilch (heute meist aus Kuhmilch) hergestellt wurde. Auf den fruchtbaren Böden rund um den Vesuv gedeihen außerdem Gemüse und Kräuter besonders gut. Kein Wunder also, daß sich neapolitanische Köche und Pizzabäcker so leckere Gerichte wie Tomaten mit Mozzarella oder Pizza Margherita ausgedacht haben.

Basilikum, Olivenöl und Pinienkerne sind wichtige Zutaten der Küche Liguriens. Mindestens eine davon ist bei den ortsüblichen Speisen immer im Spiel. Kombiniert mit Pecorino oder Parmesan und Knoblauch wird daraus in Genua beispielsweise die »Pesto alla genovese« – eine beliebte Sauce, die besonders gut zu Trenette, dünnen, flachen Spaghetti aus Ligurien, oder zu Tagliatelle paßt.

Einfach und bodenständig ist die Küche der Toskana. Dennoch (oder gerade deshalb?) ist dieser Landstrich bei uns bekannt für gutes Essen und Trinken. Viel Wert wird auf die Qualität der Zutaten gelegt, beispielsweise frisches, kaltgepreßtes Olivenöl, das vielen Speisen den unverwechselbaren Geschmack gibt.

Bunt und vielfältig präsentiert sich die sizilianische Küche. Viele Völker, allen voran die Araber, haben bei Ihren Eroberungszügen auf der Insel auch in kulinarischer Hinsicht Spuren hinterlassen. Beispielsweise der »Cuscusu«, Hartweizengrieß, der dort als Beilage gereicht wird. Auch würzende Zutaten wie Pinienkerne und Safran haben ihren Ursprung in Arabien. Übrigens: Sogar getrocknete Teigwaren wie Spaghetti sollen von den Arabern im 12. Jahrhundert zunächst nach Sizilien gebracht worden sein.

Obwohl es »die« italienische Küche also eigentlich gar nicht gibt, herrscht doch in grundlegenden Dingen Einigkeit bei der Zubereitung. Beispielsweise wird noch vieles »von Hand« gemacht. Für ein gutes Pesto wird das frische Basilikum nicht ruckzuck im Mixer püriert, sondern im Mörser fein zerstoßen. Parmesan wird erst kurz vor dem Servieren frisch gerieben und nicht etwa fertig gerieben gekauft. Guter Geschmack zeigt sich eben gerade in Kleinigkeiten!

Antipasti

Kaum eine andere Mittelmeerregion kann mit einer größeren kulinarischen und dazu noch vegetarischen Vielfalt aufwarten wie Italien. Dies drückt sich bereits in der bunten Vorspeisenpalette aus. Antipasti stehen am Anfang eines jeden Menüs. Sie bilden den Auftakt und sollen zunächst den größten Hunger stillen. Nach dem ersten Happen fällt es so bereits viel leichter, sich etwas entspannt auf dem Stuhl zurückzulehnen. Antipasti sollen jedoch keinesfalls satt machen, sondern ganz im Gegenteil den Appetit anregen und den Gaumen auf den zweiten und dritten Gang einstimmen. Typisch sind Klassiker wie mariniertes Gemüse oder Tomaten mit Mozzarella, Suppen hingegen werden vielfach bereits als segundo, als zweiten Gang, serviert. Zu allem läßt man sich reichlich Zeit, der Italiener weiß natürlich seine Küche am besten zu würdigen. Essen ist für ihn nicht irgendeine beliebige Nebensache, sondern genußvolle Hingabe.

Gorgonzolacreme

200 g Gorgonzola (mild)
125 g süße Sahne
frisch gemahlener schwarzer Pfeffer
frische Minze zum Garnieren

Den Käse durch ein Haarsieb in eine Schale streichen. Die Sahne steif schlagen und unter den Käse heben. Mit Pfeffer würzen und kühlstellen. Vor dem Servieren mit Minzeblättern garnieren.

Mit Grisini oder Dinkelstangen servieren. Eine kleine Nascherei zu einem Glas Chianti, auch für Gäste und Parties.

Ricottacreme mit Gartenkresse

400 g Ricotta
Meersalz
frisch gemahlener weißer Pfeffer
2 Kästchen Gartenkresse
1 TL abgeriebene Zitronenschale
1 Msp Rosenpaprika zum Garnieren

Den Ricotta mit Salz und Pfeffer würzen und cremig rühren. Die Kresseblättchen mit einer Schere von den Stielen schneiden und davon 1 EL zur Seite legen. Den Rest mit der abgeriebenen Zitronenschale unter den Ricotta heben.

Mit Rosenpaprika und der restlichen Kresse garnieren und kühlstellen.

Sofern erhältlich, können Sie anstelle der Gartenkresse auch Brunnenkresse nehmen.
Die Creme eignet sich als schmackhafter Brotaufstrich.

Carpaccio aus weißem Rettich

½ weißer Daikonrettich (ca. 400 g)
Meersalz
3 – 4 EL Sonnenblumenöl

Zum Garnieren:
½ Paprikaschote
1 Bund Schnittlauch

Den Rettich schälen und mit einem scharfen Messer in hauchdünne Räder schneiden. Portionsweise flach ausgebreitet auf Tellern anrichten. Mit Salz bestreuen und das Öl darübergeben.

Mit feingewürfelten Paprikastückchen und Schnittlauchröllchen garnieren.

Auberginenschnitzel mit Mozzarella

2 Auberginen à ca. 300 g
Meersalz
Olivenöl
Fett für das Blech
3 – 4 Tomaten
Salz
Pfeffer
Oregano
250 g Mozzarella
frische Basilikumblätter zum Garnieren

Die Auberginen von den Stielansätzen befreien, längs in etwa 1 Zentimeter dicke Scheiben schneiden und salzen. In einer beschichteten Pfanne 3 – 4 EL Olivenöl erhitzen und die Auberginen portionsweise von beiden Seiten jeweils 2 Minuten anbraten.

Die gebratenen Auberginen auf ein eingefettetes Backblech nebeneinander legen. Tomaten in Scheiben schneiden und auf die Auberginen schichten. Mit Salz, Pfeffer und Oregano würzen. Zum Schluß den in Scheiben geschnittenen Mozzarella über die Tomaten legen und im vorgeheizten Backofen etwa 10 Minuten überbacken.

Vor dem Servieren mit den Basilikumblättchen garnieren.

Als Vorspeise oder mit Bohnensalat servieren.

Würzige Krautröllchen

1 großer Weißkohl
½ TL Meersalz
frisch gemahlener schwarzer Pfeffer
1 Bund frischer Thymian
150 g Pecorino oder Parmesan
2 Knoblauchzehen
5 EL Olivenöl
frische Salbeiblätter

Vom Kohl ein Stück vom Strunk herausschneiden und in einem großen Topf den ganzen Kohl in Salzwasser etwa 8 Minuten kochen. Den Kohl herausnehmen, etwas abkühlen lassen und 12 – 16 große Blätter abnehmen. Mit einem Küchenmesser eventuell die Mittelrippen etwas glattschneiden. Die Kohlblätter pfeffern und salzen. Den Thymian von den Zweigen abzupfen, den Käse reiben und beides auf die Kohlblätter streuen. Die Blätter an den Seiten einschlagen und einrollen.

Den Knoblauch schälen, in Scheibchen schneiden und in einer großen Pfanne kurz in Öl anbraten. Die Kohlröllchen nebeneinander in die Pfanne schichten (evtl. auf zwei Pfannen verteilen). Dann die Salbeiblätter darüberstreuen und zugedeckt unter gelegentlichem Wenden eine gute Viertelstunde dünsten. Ab und zu kontrollieren, damit nichts anbrennt.

Fenchelrohkost in Orangensauce

2 Fenchelknollen (ca. 400 g)
Meersalz
½ Orange
½ Zitrone
125 g Naturjoghurt
1 EL Akazienhonig
frisch gemahlener weißer Pfeffer
3 EL Pistazien- oder Walnußkerne zum Garnieren

Den geputzten Fenchel in feine Streifen hobeln, salzen und im Mörser etwas mürbe stoßen, jedoch nicht pürieren. Orange und Zitrone auspressen und den Saft mit Joghurt und Honig dem Fenchel zugeben. Mit Pfeffer abschmecken und die gehackten Kerne darüberstreuen.

Tomaten mit Mozzarella

500 g Strauchtomaten
300 g Mozzarella
Meersalz
frisch gemahlener schwarzer Pfeffer
2 EL Balsamico-Essig
6 EL Olivenöl
1 Bund frischer Basilikum zum Garnieren

Tomaten und Käse in Scheiben schneiden und auf einer flachen großen Platte ziegelartig anordnen. Mit Salz und Pfeffer würzen, Essig und Öl darüberträufeln und mit den abgezupften Basilikumblättern garnieren.

> Variante als Partyhäppchen:
> Auf ca. 10 Zentimeter lange Spießchen abwechselnd eine halbe Cocktailtomate, ein Basilikumblatt und ein kleines Mozzarellabällchen spießen und mit einem Dressing aus Essig, Öl, Salz und Pfeffer beträufeln.

Marinierte Zucchini

600 g Zucchini
Olivenöl
Meersalz

Für die Marinade:
2 Knoblauchzehen
2 EL frischer Oregano (ersatzweise 1 TL getrocknet)
2 EL Weinessig
4 EL Olivenöl
Cayennepfeffer

Die gewaschenen Zucchini in 3 – 4 mm dünne Scheibchen schneiden. Auf Küchenkrepp auslegen. 10 Minuten ziehen lassen und dann die ausgetretenen Wasserperlchen abtupfen.

In einer großen Pfannen Öl erhitzen und die Zucchini portionsweise beidseitig bräunen. Wieder kurz auf Küchenkrepp auslegen, salzen und dann ziegelartig in eine Schüssel schichten.

Knoblauch schälen und in feine Scheiben schneiden. Oreganoblättchen von den Stielchen abzupfen und mit dem Knoblauch über den Zucchini verteilen. Essig und Öl gleichmäßig darüberträufeln. Eine Spur Cayennepfeffer sorgt für eine feurige Note.

Bedeckt im Kühlschrank 2 – 3 Tage marinieren und eine Stunde vor dem Servieren herausnehmen.

Minestrone

200 g weiße Bohnen
1 Zwiebel
1 Knoblauchzehe
200 g grüne Bohnen
100 g Lauch
250 g Wirsing oder Weißkohl
500 g Tomaten
200 g Sellerie
2 EL Olivenöl
1 Lorbeerblatt
1 l Gemüsebrühe
Meersalz
Pfeffer
40 g Parmesan oder Pecorino

Die berühmte italienische Gemüsesuppe gibt es je nach Region in verschiedenen Varianten. In Neapel enthält sie Nudeln, in Mailand Reis, in der Toscana Kartoffeln und in Genua wird die Minestrone immer mit Pesto serviert. Und natürlich variiert das Gemüse je nach Saison.
Der gemeinsame Nenner: Immer enthält die Minestrone weiße Bohnen als Grundlage.

Die über Nacht eingeweichten weißen Bohnen in der dreifachen Menge Wasser (ungesalzen) etwa 40 Minuten kochen. Unterdessen die Zwiebel würfeln, den Knoblauch abziehen und fein schneiden. Grüne Bohnen putzen und in streichholzlange Stücke teilen, den Lauch in 1 Zentimeter dicke Ringe schneiden. Wirsing in Streifen schneiden, Tomaten und Sellerie würfeln.

In einem großen Topf das Öl erhitzen und zuerst Zwiebeln und Knoblauch andünsten, dann die grünen Bohnen zufügen und 2 – 3 Minuten mitdünsten. Bis auf die Tomaten das restliche Gemüse und das Lorbeerblatt zugeben, mit der Gemüsebrühe angießen und 15 Minuten kochen. Die Tomaten und abgetropften weißen Bohnen zugeben, alles mit Salz und Pfeffer würzen und weitere 10 Minuten garen. Wenn die Suppe im Teller ist, den geriebenen Käse darüberstreuen.

Maronensuppe

250 g Maronen
800 ml Gemüsebrühe
1 kleiner Fenchel (ca. 150 – 200 g)
2 EL Sonnenblumenkerne
125 ml Sahne
Meersalz
frisch gemahlener weißer Pfeffer
etwas glatte Petersilie zum Garnieren

Die Maronen mit einem scharfen Messer anritzen und in heißem Wasser etwa 5 Minuten kochen. Mit einem Schaumlöffel aus dem Wasser nehmen und möglichst heiß schälen. Sobald sie abkühlen läßt sich die Schale nur schwer lösen.

Die Gemüsebrühe mit den Maronen und dem kleingeschnittenem Fenchel aufkochen und 20 Minuten leicht köcheln lassen. Die Sonnenblumenkerne in einer Pfanne ohne Fett unter ständigem Wenden rösten, bis sie aromatisch duften.

Maronen und Fenchel mit dem Schaumlöffel aus der Brühe nehmen, durch ein feines Sieb passieren (oder pürieren) und in den Topf zurückgeben. Sahne zufügen, mit Salz und Pfeffer abschmecken und nochmals kurz erhitzen. In Schälchen füllen und mit feingehackter Petersilie und den gerösteten Sonnenblumenkernen bestreuen.

Eine leckere und wärmende Suppe für kühle Herbsttage. Achten Sie beim Kauf der Maronen darauf, daß sie wirklich frisch und nicht schon »angebohrt« sind.

Caponata

1 Zwiebel
4 EL Olivenöl
2 kleine Auberginen (ca. 400 g)
1 gelbe Paprikaschote
2 Stengel Staudensellerie
2 EL Tomatenmark
2 EL Balsamico-Essig
Meersalz
frisch gemahlener schwarzer Pfeffer
2 EL Pinienkerne
2 EL Kapern

Die feingehackte Zwiebel in einem großen Topf in heißem Olivenöl kurz andünsten und die grobgewürfelten Auberginen zugeben. Die Paprika entkernen und klein schneiden, die Selleriestangen in ½ Zentimeter breite Ringe schneiden und beides den Auberginen hinzufügen. Das Tomatenmark mit Essig und 1 – 2 EL Wasser anrühren und unter das Gemüse rühren. Mit Salz und Pfeffer abschmecken und zugedeckt auf kleiner Hitze 12 – 15 Minuten schmoren lassen. Die Pinienkerne in einem Pfännchen ohne Fett kurz rösten und mit den Kapern eine Minute vor dem Servieren unter die Caponata heben.

Eine Auberginen-Spezialität aus Sizilien, die in zahlreichen Varianten zubereitet werden kann. Nicht fehlen dürfen jedoch Kapern, Pinienkerne und Staudensellerie.

Wie Phoenix aus der Asche: Rucola

Bis vor wenigen Jahren war Rucola außerhalb Italiens noch ein Fremdwort, das höchstens intimen Landeskennern und einer Handvoll Feinschmeckern bekannt war. Seither hat das pikante Kraut – wie so viele andere italienische Spezialitäten – seinen weltweiten Siegeszug angetreten und ist heute selbst in den entferntesten Winkeln der Erde anzutreffen: Bei einer jüngst unternommenen Traumreise auf die »Götterinsel« Bali habe ich es neben Minzesträußchen und Salbeiblättern taufrisch im Kühlregal eines Health Food Stores entdeckt. Bei uns werden die bis zu 15 Zentimeter langen grünen Blätter auch unter dem Namen Rauke gehandelt. Sie enthalten Senföle, die für das charakteristische scharf-würzige Aroma verantwortlich sind. Außer für sich als Salat oder einfach auf Vollkornbrot gegessen, ist Rucola vielseitig in der Küche verwendbar.
Es macht sich gut auf Pizza und in Risotto und gibt Nudelsaucen einen würzigen Geschmack.
Sollten Sie es etwa noch nicht probiert haben?

Rucolabutter

30 g Rucola
1 unbehandelte Zitrone
125 g ungesalzene Butter
Meersalz
frisch gemahlener weißer Pfeffer

Rucola waschen, sehr gut abtropfen lassen und ganz fein hacken. Von der Zitroneschale etwa 1 TL abreiben. Ein kleines Stück von der Zitrone abschneiden und 1 TL Saft auspressen.

Rucola, Zitronenschale und Zitronensaft gut unter die zimmerwarme Butter rühren und mit Salz und Pfeffer abschmecken. In ein kleines Schälchen streichen und abgedeckt eine Stunde in den Kühlschrank stellen.

Auf getoastetem Vollkornbrot servieren.

Rucolapesto

1 Bund Rucola (ca. 100 g)
50 g Pecorino
3 EL Mascarpone (ca. 80 g)
4 – 6 EL Olivenöl
Meersalz
frisch gemahlener Pfeffer

Rucola waschen, trockenschleudern und ganz fein hacken. Mit dem geriebenen Käse, Mascarpone und Olivenöl zu einer cremigen Paste anrühren und mit Salz und Pfeffer abschmecken.

Paßt herrlich zu Penne oder Tagliatelle. Die heißen Nudeln einfach mit dem Pesto mischen und sofort servieren.

Lollo Rosso mit Rucola

1 Lollo Rosso-Salat (ersatzweise Romana oder roter Kopfsalat)
2 Bund Rucola

Für das Dressing:
1 kleine Zwiebel
2 EL Balsamico-Essig
3 EL Sonnenblumenöl
Meersalz
frisch gemahlener Pfeffer

Zum Garnieren:
1 EL Pinienkerne

Den Salat waschen und zerpflücken. Rucola kurz abspülen und in Streifen schneiden. Die Pinienkerne in einer Pfanne ohne Fett kurz rösten.

Die Zwiebel fein hacken, mit den übrigen Saucenzutaten mischen und unter den Salat heben. Mit den gerösteten Pinienkernen garnieren.

Avocado-Pilz-Carpaccio

200 g weiße Champignons
3 Avocados

Für die Marinade:
2 Stengel Lauchgrün
5 EL Sonnenblumenöl
2 EL Balsamico-Essig
1 EL Zitronensaft
1 TL eingelegter grüner Pfeffer nach Belieben
Meersalz

Zum Garnieren:
100 g Kirschtomaten
1 Bund Rucola

Von den Champignons die Wurzelansätze wegschneiden und die Pilze in feine Scheiben schneiden. Die Avocados schälen, halbieren, den Kern herauslösen und die Früchte in etwa 3 mm breite Spalten schneiden. Pilze und Avocados auf einer großen Platte reihenweise anrichten.

Das Lauchgrün in sehr feine Ringe schneiden, mit den übrigen Marinade-Zutaten zu einer Sauce anrühren und sofort über die Avocados und Pilze geben.

Die Kirschtomaten halbieren, den Rucola in mundgerechte Stücke zupfen und mit beidem das Carpaccio garnieren.

Kartoffelsalat mit grünen Bohnen und Rucola

500 g Salatkartoffeln
300 g grüne Bohnen
1 rote Zwiebel
1 EL frischer Rosmarin
1 Knoblauchzehe (nach Belieben)
2 EL Olivenöl
200 g Cocktailtomaten
1 Bund Rucola

Für die Marinade:
2 EL Zitronensaft
2 EL Weißweinessig
5 EL Olivenöl
Meersalz
frisch gemahlener Pfeffer

Kartoffeln mit Schale kochen, pellen und in Scheiben schneiden. Grüne Bohnen putzen, in streichholzgroße Stücke schneiden, in kochendem Wasser 10 Minuten bißfest garen und erst kurz bevor die Bohnen gar sind salzen, dann kalt abschrecken. Zwiebel würfeln und mit den Rosmarinnadeln und dem gepreßten Knoblauch in heißem Olivenöl 1 – 2 Minuten braten. Die gut abgetropften Bohnen zugeben und unter ständigem Wenden weitere 2 Minuten braten. Bohnen und Zwiebeln vorsichtig unter die Kartoffeln mischen, die halbierten Cocktailtomaten zugeben. Rucola waschen und abtropfen lassen.

Die angerührte Marinade unterheben und den Salat 20 Minuten durchziehen lassen. Kurz vor dem Servieren das in mundgerechte Stücke gezupfte Rucola untermischen.

Nudelsalat mit Berglinsen und Rucola

100 g braune Berglinsen
1 Lorbeerblatt
Meersalz
200 g kurze Makkaroni (Penne oder Sedanini)
100 g Rucola
1 kleine Zwiebel
1 Fleischtomate

Für die Marinade:
5 – 6 EL Olivenöl
2 – 3 EL Weinessig oder Balsamico-Essig
Meersalz
frisch gemahlener Pfeffer

Linsen mit der dreifachen Menge Wasser und dem Lorbeerblatt auf kleiner Flamme etwa 45 Minuten kochen. Salzen erst kurz bevor die Linsen gar sind.

Nudeln in kochendem Salzwasser al dente kochen und abschrecken. Rucola abspülen, trockenschütteln und in 2 Zentimeter breite Streifen schneiden. Die Zwiebel halbieren und in Halbringe schneiden, die Tomate kleinwürfeln. Die abgekühlten Linsen und Nudeln mit dem Rucola in einer Salatschüssel mischen. Aus Öl, Essig, Salz und Pfeffer eine Marinade anrühren und untermischen.

Kohlrabisalat mit Rucola

2 Kohlrabi
125 g Rucola

Für das Dressing:
1 Schalotte
3 EL Distelöl
1 – 2 EL Apfel- oder Weinessig
1 Bund Schnittlauch
frisch gemahlener Pfeffer

Von den Kohlrabi die Herzblätter abnehmen, die Knollen schälen und halbieren und in dünne Scheibchen schneiden. Im Dämpfeinsatz 3 Minuten dämpfen oder in heißem Salzwasser blanchieren. Abkühlen lassen. Rucola waschen, gut abtropfen lassen und in mundgerechte Stücke zupfen. Die Schalotte fein hacken und den Schnittlauch in feine Röllchen schneiden. Aus den Dressingzutaten und feingehackten Herzblättern eine Sauce anrühren, über die Kohlrabi geben und einige Minuten ziehen lassen. Vor dem Servieren den Rucola unterheben.

Bohnenpüree mit sautiertem Rucola

400 g weiße Bohnen
700 ml Gemüsebrühe
2 Lorbeerblätter
Meersalz
frisch gemahlener weißer Pfeffer
1 Msp Muskat
4 – 6 EL Olivenöl
2 Knoblauchzehen
100 g Rucola

Die über Nacht eingeweichten Bohnen in der Gemüsebrühe mit den Lorbeerblättern etwa eine Stunde garen. Die Lorbeerblätter herausnehmen und die Bohnen mit dem Schneidestab pürieren. Das Püree mit den Gewürzen abschmecken. In heißem Öl den gepreßten Knoblauch braten, Rucola zugeben und 1 – 2 Minuten sautieren. Unter das Püree heben und zu Getreidebratlingen servieren.

Variante: Es müssen nicht unbedingt weiße Bohnen sein, und auch der Rucola läßt sich durch anderes ersetzen. In Süditalien ist beispielsweise Saubohnenpüree mit gedünstetem Löwenzahn populär. Deftig, aber lecker! Das Bohnenpüree läßt sich übrigens auch sehr gut kalt als Brotaufstrich verwenden – machen Sie also ruhig ein bißchen mehr davon.

Pasta totale

Den alten Disput, ob es nun die Italiener, die Chinesen oder, wie manche gar meinen, die Schwaben waren, welche die Nudel erfunden haben sollen, wollen wir auf sich beruhen lassen. Fest steht: Das italienische Nudelhandwerk hat Tradition und versteht es meisterhaft, aus nichts als Hartweizengrieß und Wasser Nudelvarianten in allen Formen herzustellen. Neben dem »Rohmaterial« ist die italienische Küche auch fürs Drumherum berühmt, sprich Nudelsaucen und leckere Füllungen. Und natürlich für die richtige Zubereitung. Al dente müssen sie sein, was in unseren Breiten bedeutet, daß sie noch nicht ganz durch sind. Entscheiden Sie selbst, wie Sie es persönlich haben möchten, doch etwas Biß sollte die Nudel zumindest noch haben.

Nudelgerichte werden dazu à la minute aufgetischt, d. h. sie werden nach dem Kochen kurz abgeschreckt und in einer vorgewärmten Schüssel mit der immer frisch zubereiteten jeweiligen Sauce vermischt und sofort serviert. Nichts ist für den italienischen Magen beleidigender als eine warm gehaltene Pasta – nicht nur, daß die Nudeln schon nach kurzer Zeit wie Kletten aneinander kleben, sie verlieren auch Geschmack. Daß sie geschmeidig bleiben, wird auch durch eine großzügig bemessene Menge an Kochwasser erreicht, dem ein Schuß Olivenöl zugesetzt ist. Und großzügig nehmen sich in Italien auch die Portionen aus: Pro Person werden 125 g Nudeln (in getrockneter Form) gerechnet. Angesichts der Tatsache, daß das Nudelgericht nicht selten als zweite Vorspeise auf den Tisch kommt, wirklich enorm!

Tagliatelle mit Pesto

500 g Tagliatelle
2 EL Olivenöl

Für das Pesto:
30 g Pinienkerne
2 Knoblauchzehen
1 Bund frischer Basilikum
Meersalz
frisch gemahlener Pfeffer
60 g Pecorino (ersatzweise Parmesan)
8 – 10 EL Olivenöl

Die Tagliatelle in heißem, mit etwas Öl versetztem Salzwasser aufsetzen.

Pinienkerne in einer Pfanne ohne Fett 2 – 3 Minuten leicht rösten. Knoblauchzehen schälen, Basilikumblätter von den Stengelchen abzupfen. Pinienkerne und Knoblauch in einem Mörser zerstoßen. Das in Streifen geschnittene Basilikum ebenfalls im Mörser zerstoßen. Mit Salz und Pfeffer würzen, den zerbröckelten Käse zugeben und alles nochmals zu einer Paste stampfen. Das Olivenöl eßlöffelweise einrühren, bis eine cremige Paste entsteht, eventuell mit etwas Nudelwasser verdünnen.

Die al dente gekochten Nudeln abgießen, abschrecken, in eine vorgewärmte Schüssel geben und mit dem Pesto mischen. Sofort servieren.

Wer es etwas weniger kalorienreich haben möchte, ersetzt 3 oder 4 EL Olivenöl durch Nudelwasser.

Hausgemachte Tortellini mit Ricottafüllung

Für den Teig:
400 g Weizenmehl Type 1050
5 Eier

Für die Füllung:
150 g Ricotta (mild)
2 Eigelb
80 g Parmesan
2 EL gehackte Petersilie
oder frischer Basilikum
Meersalz, weißer Pfeffer, Muskat

Das Mehl und die Eier zu einem Teig kneten und zugedeckt 45 – 60 Minuten stehen lassen.

Ricotta, Eigelb, Käse, die feingehackten Kräuter und Gewürze zu einer cremigen Masse rühren.

Den Teig in drei Stücke schneiden und auf einer mit Mehl bestäubten Arbeitsfläche möglichst dünn ausrollen. Mit einem Glas 4 – 6 Zentimeter große Kreise ausstechen.

Die Mitte der Kreise mit einem murmelgroßen Klecks von der Füllung füllen, zu Halbmonden zusammenklappen und an den Rändern zusammendrücken. Die Halbmonde über der Fingerspitze des Zeigefingers rollen und an den Enden zusammendrücken. In einem großen Topf mit Salzwasser die Teigtaschen 6 – 8 Minuten kochen.

Macht etwas Arbeit, doch der Mühe sollte man sich mindestens einmal im Leben unterziehen. Wenn Sie sich erst mal an den Geschmack frischer Nudeln gewöhnt haben, kann es allerdings passieren, daß Sie die Prozedur öfters auf sich nehmen.

Rigatoni in Gorgonzolasauce

500 g Rigatoni
2 EL Olivenöl

Für die Sauce:
150 g Gorgonzola
1 EL Butter
200 ml Sahne
frisch gemahlener Pfeffer
Muskat

Die Nudeln in kochendem Salzwasser und einem Schuß Olivenöl al dente kochen.

Unterdessen den Gorgonzola mit einer Gabel zerdrücken und in einer großen Pfanne zusammen mit der Butter schmelzen. Die Sahne einrühren und mit Pfeffer und Muskat abschmecken.

Die Nudeln abseihen, abschrecken und abtropfen lassen. In die Sauce einrühren und sofort servieren.

Penne in Mascarponesauce

500 g Penne
2 EL Olivenöl

Für die Sauce:
100 g Mascarpone
1 Eigelb
50 ml Sahne
70 g Pecorino oder Parmesan
frisch gemahlener Pfeffer
Meersalz
Muskat

Die Nudeln in kochendem Salzwasser und einem Schuß Olivenöl al dente kochen.

Mascarpone und Eigelb in ein Schüsselchen geben und im heißen Wasserbad erhitzen, jedoch nicht kochen. Die Sahne und den geriebenen Käse einrühren, mit den Gewürzen abschmecken. Unter die abgeseihten und gut abgetropften Nudeln mischen und sofort servieren.

Broccolilasagne mit Strauchtomaten

400 g Broccoli
35 g Butter
25 g Vollkornmehl
200 ml Milch
200 ml Gemüsebrühe
Butter für die Form
6 Lasagneblätter
Meersalz
frisch gemahlener Pfeffer
Muskat
100 g Fontina-Käse oder Bergkäse
1 EL frischer Rosmarin
6 kleine Strauchtomaten

Broccoli waschen und in Röschen zerteilen. In einem Topf die Butter auslassen und das Mehl anschwitzen. Langsam die Milch und Gemüsebrühe einrühren und unter ständigem Rühren aufkochen, bis eine dicke Bechamelsauce entsteht.

Eine Form mit Butter einfetten, den Boden mit Sauce bedecken und eine Lage Lasagneblätter darüberlegen. Die Hälfte des Broccoli darauf schichten, würzen, etwas geriebenen Käse darüberstreuen und mit weiteren Lasagneblättern und Bechamelsauce abdecken. Den Rest Broccoli zugeben, den Rest geriebenen Käse und die Rosmarinnadeln darüberstreuen und im vorgeheizten Ofen 15 Minuten backen. Die Tomaten zugeben und weitere 15 Minuten garen.

Spinatgnocchi in Rosmarinbutter

500 g mehlig kochende Kartoffeln
125 g Spinat
80 g Parmesan
80 g Vollweizengrieß
80 g Weizenmehl Type 1050
1 Prise Muskat
frisch gemahlener weißer Pfeffer
½ TL Meersalz
40 g Butter
1 EL frischen Rosmarin

Die Kartoffeln in 20 Minuten gar kochen, pellen und durch ein feines Sieb pressen. Den Spinat gut waschen, kurz blanchieren und mit dem Schneidestab fein pürieren.

Den etwas abgekühlten Kartoffeln den geriebenen Parmesan, den Grieß und das Mehl zugeben und mit Muskat, Pfeffer und Salz würzen. Die Masse mit angefeuchteten Händen zu einem Teig kneten. Auf einem mit Mehl bestäubten Brett den Teig zu etwa 2 Zentimeter dicken Röllchen formen und in fingerdicke Scheibchen schneiden. Mit einer in Mehl getauchten Gabel die Gnocchi leicht andrücken und in kochendem Salzwasser 3 – 4 Minuten garen.

In einem Pfännchen die Butter auslassen und darin die Rosmarinnadeln kurz sautieren. Die Gnocchi aus dem Wasser heben, mit der Butter begießen und sofort servieren.

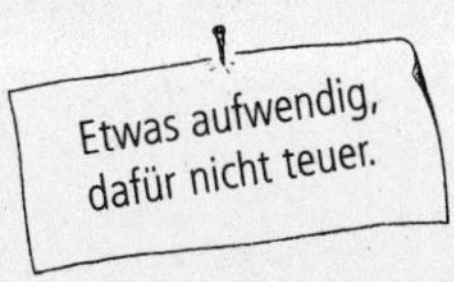

Herzhafte Getreideküche – Pizza, Risotto & Polenta

Der Weltruhm der italienischen Küche beruht nicht zuletzt auf der phantasievollen Verwendung von Getreide. Neben Pasta steht die Pizza synonym für ganz Italien – beide sind zum Markenzeichen des Landes avanciert. Besonders bei Kids können die italienischen Klassiker mitunter zur täglichen Gewöhnung werden – und für manche auf Ausgewogenheit und Abwechslung bedachte Eltern zum Alptraum. Ich kann mich noch gut daran erinnern, als mein Sohn die geographische Verbindung zu seinen Leib- und Magenspeisen herausgefunden hatte und fortan hartnäckig darauf drängelte, die nächsten Ferien doch bitteschön im »Pizza- und Nudelland« zu verbringen.

Das Risotto ist zwar weniger spektakulär als Tortellini und Pizza Margherita, doch genauso typisch. Die Po-Ebene als das größte Reisanbaugebiet Europas hat eine Fülle schmackhafter Reisgerichte hervorgebracht – allein in Piemont, der Lombardei und im Veneto sind Dutzende Varianten bekannt. Frisches Gemüse der Saison, Pilze, Zutaten wie Safran oder Pinienkerne sorgen für reichlich Abwechslung.

Nicht vergessen werden darf die Polenta, die über die Grenzen Italiens hinaus auch auf dem ganzen Balkan verbreitet ist. Dem herzhaften Maisgericht haftet heute etwas zu Unrecht der Ruf eines Arme-Leute-Essens an. Probieren Sie doch mal die Polenta-Rezepte und holen Sie das nahrhafte Gericht aus der Vergessenheit zurück.

Pizza Margherita

Für den Teig:
300 g Weizenmehl Type 1050
½ Würfel Hefe (21 g)
⅛ l Wasser
½ TL Meersalz
2 EL Olivenöl

Für den Belag:
2 EL Tomatenmark
600 g Tomaten
250 g Mozzarella
Meersalz
Pfeffer
3 EL Olivenöl

Zum Garnieren:
frischer Basilikum

Wollen Sie die klassische *Pizza Margherita* zu einer *Pizza mista* erweitern, streuen Sie einfach noch eine Handvoll in Scheiben geschnittene Champignons, ein paar schwarze Oliven und eingelegte Peperonis dazu. Und wenn es ganz exklusiv sein soll, vielleicht noch ein Gläschen in Öl eingelegte Artischockenherzen.

Das Mehl in eine Schüssel geben, eine Mulde formen und dort hinein die zerbröckelte Hefe und das lauwarme Wasser geben. Die Schüssel mit einem Tuch abdecken und an einem warmen Platz 15 Minuten ruhen lassen.

Der Masse Salz und Öl zugeben und zu einem geschmeidigen Teig kneten, gegebenenfalls noch ein paar EL Wasser zufügen. Den abgedeckten Teig eine gute Stunde gehen lassen.

Den Teig nochmals kurz durchkneten, 2 – 3 mm dünn ausrollen und damit ein gefettetes Blech (ca. 35 x 35 cm) ausfüllen. Mit Tomatenmark bestreichen und zuerst die in Scheiben geschnittenen Tomaten, dann die Mozzarellascheiben daraufschichten. Mit Salz und Pfeffer würzen und mit frischen Basilikumblättern garnieren. Zum Schluß das Olivenöl darüberträufeln. Im vorgeheizten Backofen auf der untersten Schiene bei 200° C backen.

Safranreis mit gerösteten Pinienkernen

1 Zwiebel
1 EL Olivenöl
300 g Naturreis (Rundkorn)
400 ml Gemüsebrühe
1 Briefchen Safran
Meersalz
frisch gemahlener Pfeffer
2 EL Pinienkerne
1 EL Butter
50 g frisch geriebener Parmesan

Die Zwiebel fein würfeln und in heißem Olivenöl glasig dünsten. Den Reis zugeben und 3 bis 4 Minuten mitdünsten, dann die Gemüsebrühe angießen und auf kleiner Flamme 45 Minuten köcheln. Immer wieder nachsehen, ob noch genug Wasser im Topf ist, eventuell etwas nachgießen. Etwas Flüssigkeit abnehmen und darin den Safran anrühren und kurz vor Ende der Garzeit unterrühren. Mit Salz und Pfeffer würzen.

In einer zweiten Pfanne die Pinienkerne ohne Fett kurz rösten.

Vor dem Servieren die Butter und die Hälfte des Käses unter das Risotto rühren. Mit dem restlichen Käse und den Pinienkernen bestreuen.

Dazu paßt eine Pilzpfanne und grüner Salat.

Risi e Bisi

800 ml Gemüsebrühe
4 EL Butter
1 Zwiebel
250 g Naturreis (Rundkorn)
750 g frische Erbsen (ergibt ca. 250 g enthülste Erbsen)
Meersalz
50 g frisch geriebener Parmesan

Die Gemüsebrühe in einem Topf aufkochen. In einer Pfanne die Hälfte der Butter auslassen und die feingehackten Zwiebeln darin glasig dünsten. Den Reis zugeben und 3 – 4 Minuten anrösten, dann mit der Hälfte der heißen Gemüsebrühe ablöschen und bedeckt auf kleiner Flamme köcheln lassen.

Unterdessen die Erbsen enthülsen und nach 15 Minuten dem Reis zugeben. Den Rest der Brühe nachschütten und weiter köcheln lassen. Gelegentlich schauen, ob noch genügend Flüssigkeit in der Pfanne ist, eventuell etwas nachgießen. Wenn der Reis und die Erbsen gar sind, mit etwas Salz abschmecken, die restliche Butter und den Käse unterrühren und sofort anrichten.

Risi e Bisi ist der Klassiker der venezianischen Küche, der jedes Frühjahr, wenn die Erbsen jung und zart auf den Markt kommen, aufs Neue begeistert.

Wirsing-Sahne-Risotto mit Champignons

1 EL Butter
1 Zwiebel, grobgehackt
250 g Naturreis (Rundkorn)
650 ml Gemüsebrühe
½ Wirsingkohl (ca. 400 g)
2 EL Butter
200 g Champignons
125 g Sahne
Meersalz, Pfeffer, Muskat
40 g Parmesan, frisch gerieben
½ Bund Schnittlauch zum Garnieren

In einer großen Pfanne die Butter auslassen und die Zwiebel darin glasig dünsten. Reis zugeben und einige Minuten mitdünsten. Mit der Hälfte der heißen Gemüsebrühe ablöschen. Sobald die Brühe vom Reis aufgenommen ist, nach und nach den Rest angießen, alles in allem etwa 50 Minuten kochen. Vom Wirsing die äußeren Blätter abnehmen. Den Strunk herausschneiden, die Blätter in 1 Zentimeter breite Streifen schneiden und im Dämpfeinsatz 6 – 8 Minuten dämpfen. In einer zweiten Pfanne Butter auslassen und die in Scheiben geschnittenen Pilze 3 Minuten dünsten.

In die Reispfanne die Sahne rühren, Wirsing und Pilze unterheben, würzen und weitere 3 Minuten köcheln lassen, bis die Sahne eingekocht ist. Den Parmesan unterrühren, mit Schnittlauchröllchen garnieren und sofort servieren.

Fenchelrisotto

2 EL Butter
1 Zwiebel
250 g Naturreis (Rundkorn)
600 ml Gemüsebrühe
Meersalz
frisch gemahlener Pfeffer
2 Fenchelknollen (ca. 400 – 500 g)
150 g Gorgonzola

In der ausgelassenen Butter die feingehackte Zwiebel glasig dünsten, den Reis kurz mitrösten, die Hälfte der Gemüsebrühe angießen, würzen und leise köcheln lassen. Den Rest der Brühe nach Bedarf zugießen, so daß der Reis immer in etwas Flüssigkeit schwimmt. Nach 30 Minuten den geputzten und in Streifen geschnittenen Fenchel zugeben und weitere 20 Minuten garen. Zwei Minuten vor dem Servieren den feingewürfelten Gorgonzola auf dem Risotto verteilen. Mit etwas Fenchelgrün garnieren.

Majoranpolenta mit buntem Paprikaragout

2 grüne Paprika
1 rote Paprika
1 gelbe Paprika
1 rote Peperoni
2 Zwiebeln
2 Knoblauchzehen (nach Belieben)
3 – 4 EL Olivenöl
500 g Tomaten
1 EL Balsamico-Essig
frisch gemahlener schwarzer Pfeffer
Meersalz
frischer Thymian
frischer Rosmarin

Das in Sizilien verbreitete Paprikagericht – es heißt dort *Peperonata* – kann auch kalt gegessen werden.

Für die Polenta:
1 l Wasser oder Gemüsebrühe
1 TL getrockneter Majoran
250 g Maisgrieß
Meersalz
Muskat
50 g Parmesan
2 EL Butter

Die Paprikaschoten halbieren, das Kerngehäuse herausnehmen. Die Schoten nochmals teilen und in Streifen schneiden. Die Peperoni der Länge nach aufschneiden, ebenfalls die Kerne herauslösen und in Ringe schneiden.

Zwiebeln halbieren und in Halbmonde schneiden, Knoblauch abziehen und beides in einer großen Pfanne in Öl glasig dünsten. Die Paprika zugeben und zugedeckt etwa 10 Minuten auf kleiner Hitze im eigenen Saft dünsten, gelegentlich umrühren.

Die geviertelten Tomaten zugeben, das Gemüse mit Balsamico und Salz abschmecken. Thymian abzupfen und zusammen mit einem Zweig Rosmarin dazugeben. Zugedeckt 5 Minuten köcheln lassen, den Deckel abnehmen und nochmals weitere 5 Minuten offen weitergaren, bis fast alle Flüssigkeit verdampft ist.

Für die Polenta das Wasser aufkochen, den Majoran einstreuen und mit einem Schneebesen den Maisgrieß einrühren. Mit Salz und frisch geriebenem Muskat würzen und unter Rühren auf kleinster Flamme 10 – 12 Minuten kochen. Vor dem Servieren den geriebenen Käse und die Butter unterrühren.

Polentaauflauf

1 l Wasser
½ rote Paprikaschote
Meersalz
weißer Pfeffer
Muskat
250 g Maisgrieß
100 g Pecorino
2 Fleischtomaten
Fett für die Form
60 g Butter
1 Zweig frischer Rosmarin

Ein vollwertiges Gericht, das kaum was kostet und dazu noch herrlich schmeckt. Dazu paßt am besten ein knackiger Salat.

Wasser zum Kochen bringen und die feingewürfelte Paprika und Gewürze zugeben. Den Maisgrieß mit dem Schneebesen einrühren und auf kleiner Flamme unter gelegentlichem Rühren 5 Minuten köcheln lassen. Die Polenta auf ein abgespültes Brett etwa 2 Zentimeter dick verteilen und 10 Minuten abkühlen lassen. Derweilen den Käse reiben, die Tomaten würfeln. Die Polenta in fingerdicke Schnitten schneiden und ziegelartig in eine eingefettete Auflaufform schichten. Tomaten und Pecorino darüber verteilen. Zuletzt mit Butterflöckchen und mit Rosmarinnadeln bestreuen und im vorgeheizten Backofen bei mittlerer Temperatur etwa 15 Minuten backen.

Griechenland

Sonnengereifte Tomaten, würzige Oliven, ein Stück Schafskäse und Brot – viel mehr braucht es eigentlich nicht, um sich nach einem Tag unter griechischer Sonne zufrieden und satt zurückzulehnen. Doch die Küche Griechenlands bietet darüber hinaus natürlich eine Vielzahl kulinarischer Köstlichkeiten, die es zu entdecken gilt. Sie auszuprobieren, heißt gleichzeitig, ein Stück mediterranes Lebensgefühl in die heimische Küche zu holen.

Die Griechen haben die vegetarische Küche zwar nicht erfunden, aber sie sind wahre Meister im Entwickeln immer neuer Gemüsegerichte. Kein Wunder, denn Gemüse, Obst und Kräuter wachsen dort reichlich und kommen reif und vollaromatisch auf den Tisch. Fleisch ist dagegen eher rar und hat eigentlich nicht die Bedeutung, die griechische Restaurants bei uns manchmal glauben lassen.

Besonders beliebt sind Auberginen. Es gibt kaum ein griechisches Essen, bei dem die »Eierfrüchte« nicht in irgendeiner Zubereitungsform auf den Tisch kommen, sei es als Püree, gebraten, geschmort oder gefüllt.

Die Kunst, Gemüse zu füllen, wurde in der griechischen Küche perfektioniert. Gefüllte Weinblätter, Tomaten mit Spinatfüllung oder Paprika mit einer Reis-Rosinen-Mischung sind schmackhafte Beispiele dafür. Nicht weniger variantenreich ist die Palette der Gemüseaufläufe.

Freunde von Suppen und Eintöpfen kommen voll auf ihre Kosten, sei es mit einer erfrischenden Zitronensuppe oder einem sättigenden Bohneneintopf.

Schnell zubereitet sind gebratene Zucchini- oder Auberginenscheiben. Olivenöl, Knoblauch und Zitronensaft: Drei Zutaten, die in der griechischen Küche unerläßlich sind, sorgen dabei für den aromatischen Geschmack. Tzatziki, der erfrischende Gurkenjoghurt, paßt dazu besonders gut.

Griechischer Bauernsalat gehört bei uns zu den Klassikern. Den herzhaften Salat aus Tomaten, Gurken, Oliven, Peperoni und einem guten Stück Schafskäse dürfte fast jeder kennen. Das Geheimnis bei diesem Gericht – wie auch bei vielen anderen Rezepten – liegt nicht in der Art der Zubereitung, sondern vielmehr in der Qualität der Zutaten: Damit es so richtig nach Urlaub schmeckt, muß sonnengereiftes Gemüse her. Mit fader Treibhausware läßt sich das nicht machen.

»Gigantische« Vorspeisen

Mezédes, der Name geht nicht so leicht von der Zunge wie Tapas, Antipasti und Hors-d'œuvre, der jeweiligen Entsprechung in Spanien, Italien und Frankreich und auf deutsch schlichtweg mit Vorspeisen übersetzt. Die Griechen erweisen sich als überaus einfallsreich, wenn es darum geht, die Zeit vor dem Hauptgericht sinnvoll auszufüllen. Eine Vorspeise kann alles mögliche sein, angefangen von einem Tellerchen Oliven bis hin zu einer opulenten Platte mit einem Dutzend und mehr verschiedenen kleinen Köstlichkeiten.

Auch das Vegetarische kommt dabei nicht zu kurz. Der berühmteste kulinarische Beitrag der Griechen ist zweifelsohne Joghurt mit frischer Gurke, besser bekannt unter dem Namen Tzatziki. Doch auch die mit den türkischen und arabischen Nachbarn geteilten Dolmades, die pikant gefüllten Weinblätter, haben es über den Mittelmeerraum hinaus geschafft. Beide sind sie – wie auch die Riesenbohnen Gigantes – recht gehaltvoll. Will man für den Hauptgang noch einigermaßen fit sein, ist Zurückhaltung angesagt.

Orangenbutter

1 Orange, unbehandelt
125 g Butter
1 Prise Zucker

Von der Apfelsine etwa 1 EL der Schale abreiben, den Saft auspressen und beides mit einer Gabel unter die zimmerwarme Butter rühren. Mit einer Prise Zucker abschmecken. In ein Schälchen streichen und abgedeckt kühlen.

Anstelle einer Orange können Sie auch mit Zitronen, Grapefruits oder Blutorangen experimentieren.

Tzatziki

1 kleine Salatgurke
Meersalz
2 Knoblauchzehen
300 g griechischer Joghurt (ersatzweise 150 g Sahnequark und 150 g Naturjoghurt)
½ Bund Dill, feingehackt
1 – 2 TL Zitronensaft
weißer Pfeffer
2 EL Olivenöl

Die Gurke schälen, der Länge nach halbieren und eventuelle Kerne herausnehmen. Dann raspeln, salzen und 15 Minuten ziehen lassen. Das Gurkenwasser abgießen und die Gurkenraspeln gut abtropfen lassen. Damit vermeiden Sie, daß das Tzatziki wäßrig wird. Knoblauchzehen abziehen, durchpressen und zu den Gurken geben. Den Joghurt cremig rühren und mit dem Dill unter die Gurken mischen. Mit Zitronensaft und Pfeffer würzen. Eine Stunde kaltstellen und vor dem Servieren das Olivenöl unterrühren.

Tzatziki darf auf keinem griechischen Vorspeisenteller fehlen und wird auch gerne zu warmen Gerichten gereicht.

Auberginenpüree

2 Auberginen (ca. 500 g)
1 EL Zitronensaft
2 – 3 EL Olivenöl
Meersalz
1 Spur Cayennepfeffer
1 Knoblauchzehe
50 g Schafskäse (nach Belieben)

Zum Garnieren:
½ kleine rote Paprikaschote
2 EL Walnußkerne

Von den Auberginen die Stielansätze wegschneiden. Die Eierfrüchte mit einem spitzen Messer einstechen und im vorgeheizten Backofen bei mittlerer Temperatur etwa 45 Minuten backen. Die Auberginen etwas abkühlen lassen. Dann die Haut abziehen oder die Früchte der Länge nach aufschneiden und das Fruchtfleisch mit einem Löffel herausnehmen. Sofort mit Zitronensaft beträufeln und im Mixer mit den übrigen Zutaten cremig pürieren. Kaltstellen und vor dem Servieren mit kleingewürfelten Paprikastückchen und den gehackten Walnüssen betreuen.

Nicht nur eine Vorspeise, sondern auch ein leckerer Brotaufstrich.

Gefüllte Weinblätter

1 Schalotte
2 EL Olivenöl
300 ml Wasser
100 g Naturreis (Langkorn)
30 g Pinienkerne
30 g Korinthen
6 Kalamata-Oliven
2 Stengel frische Minze
frisch gemahlener Pfeffer
25 – 30 Weinblätter
1 EL Zitronensaft

Zum Beträufeln:
Olivenöl
Zitronensaft
Gemüsebrühe

Die feingehackte Schalotte in heißem Olivenöl glasig dünsten. Den Reis kurz mitrösten, mit dem Wasser ablöschen und auf kleiner Flamme 40 Minuten garen. In einem Pfännchen die Pinienkerne ohne Fett 2 – 3 Minuten rösten und grob hacken. Gehackte Pinienkerne, Korinthen, gehackte Oliven und gehackte Minze unter den gekochten Reis mengen und mit Pfeffer abschmecken.

Die Weinblätter unter kaltem Wasser gut abspülen, dadurch werden sie milder im Geschmack. Gut abtropfen lassen und auf eine Arbeitsfläche legen. Je nach Blattgröße mit etwa ½ EL Farce füllen. Die Blätter an den Seiten einschlagen, vom Stiel nach vorne aufrollen und an den Seiten eindrücken. In eine großen Pfanne mit Deckel schichten, mit Olivenöl, Zitronensaft und ein paar EL Gemüsebrühe beträufeln und auf kleinster Flamme bedeckt 30 Minuten köcheln. Abkühlen lassen.

Riesenbohnen im Ofen gebacken

200 g weiße Riesenbohnen (Gigantes)
2 Lorbeerblätter
2 EL Olivenöl
1 Zwiebel
2 Knoblauchzehen
3 EL Tomatenmark (ca. 60 g)
200 ml Wasser oder Gemüsebrühe
250 g kleine Tomaten
Meersalz
Pfeffer
½ TL Majoran
Fett für die Form
frische Petersilie zum Garnieren

Die über Nacht eingeweichten Bohnen mit dem Lorbeerblatt in Wasser oder Brühe eine Stunde garen. Die grobgehackten Zwiebeln und den feingeschnittenen Knoblauch in einer Pfanne in Öl andünsten. Tomatenmark zugeben und mit Wasser ablöschen. Die Tomaten in dicke Scheiben schneiden und in die Sauce geben. Mit Salz, Pfeffer und Majoran würzen. Die Bohnen abgießen, abtropfen lassen und in eine gefettete Auflaufform füllen. Die Sauce darübergeben und im vorgeheizten Ofen bei mittlerer Hitze etwa 30 Minuten backen, bis alle Flüssigkeit verdampft ist.

Mit feingehackter Petersilie garnieren und mit einer Scheibe Feta, einer Handvoll schwarzer Oliven und mild eingelegten Peperoni servieren.

> Getrocknete Riesenbohnen, bei uns etwas abwertend auch Saubohnen genannt, stehen im Ruf, ein Arme-Leute-Essen zu sein. Richtig zubereitet sind sie jedoch eine tolle, dazu noch preiswerte Vorspeise.

Fasoláda

200 g weiße Bohnen
1 Lorbeerblatt
1 ¼ l Wasser oder Gemüsebrühe
1 Zwiebel
¼ einer Sellerieknolle
2 Möhren
400 g Tomaten
3 EL Olivenöl
Meersalz
frisch gemahlener Pfeffer
1 Stengel Bleichsellerie
frischer Salbei

Die Bohnen über Nacht einweichen. Mit frischem Wasser und den Lorbeerblättern aufsetzen und eine Stunde leise garen. Unterdessen Zwiebel, Sellerie, Möhren und Tomaten würfeln und in Olivenöl kurz sautieren. Das Gemüse zu den Bohnen geben, würzen und weitere 30 Minuten kochen. Kurz vor Ende der Garzeit den in feine Scheibchen geschnittenen Staudensellerie und ein paar Salbeiblätter zugeben.

> Die weiß-rote Bohnensuppe ist ein Klassiker aus der griechischen Suppenküche – preiswert und nahrhaft zugleich.

Griechische Zitronensuppe

100 g Naturreis (Langkorn)
1,2 l Gemüsebrühe
100 g Lauch
2 Stengel Staudensellerie
2 Eier
1 Zitrone
Meersalz
frisch gemahlener Pfeffer
Muskat (nach Belieben)

Den Reis in der Gemüsebrühe 45 Minuten garen. Nach der Hälfte der Kochzeit den in Ringe geschnittenen Lauch zugeben. Den kleingeschnittenen Staudensellerie erst 5 Minuten vor Ende der Garzeit zugeben. Die Eier in einer Schüssel schaumig schlagen. Die Zitrone auspressen und den Saft tropfenweise unter die Eier rühren. Aus dem Topf eine Tasse Brühe abnehmen und ebenfalls langsam in die Eier rühren. Das Ganze nun in die Suppe geben, mit Salz, Pfeffer und eventuell etwas Muskat würzen. Nochmals kurz erhitzen, aber nicht mehr aufkochen.

Warmer Blumenkohlsalat

1 Blumenkohl (ca. 600 g)
4 – 6 EL Sonnenblumenöl
2 EL Zitronensaft
Meersalz
frisch gemahlener Pfeffer
Muskat
2 EL gehackte glatte Petersilie

Den Blumenkohl im Dämpfeinsatz oder in etwas Salzwasser 10 – 12 Minuten garen, so daß er noch etwas Biß hat. Kurz abkühlen lassen und in Röschen zerteilt in eine Schüssel geben. Aus den übrigen Zutaten eine Marinade anrühren und damit den Blumenkohl beträufeln.

Griechisches Potpourri

Vielleicht kennen Sie die folgende Szene aus eigener Erfahrung: Sie sitzen irgendwo in der Ägäis in einer Taverne. Aus den Lautsprechern tönt eine Sirtaki-Melodie, die Sonne taucht gerade als feuerroter Ball ins Meer ab. Nur, oh weh, das aufgetischte Essen ist lauwarm, um nicht zu sagen kalt. Die abgekühlte Küche hat in Griechenland Tradition, sie stammt aus einer Zeit, zu der noch nicht jeder Haushalt über eine eigene Kochstelle verfügte und die Mahlzeiten im Gemeinschaftsofen des Dorfes gegart wurden. Von dort trug man sie nach Hause, und mangels Alufolie oder Thermoverpackung erreichte sie die hungrige Familie mehr oder weniger lauwarm. Aus Tradition soll man dabei geblieben sein. Zwar ist man in den Ferienzentren versucht, sich den Bedürfnissen der Gäste aus aller Welt anzupassen, doch manchmal klappt es eben nicht ganz. In Ihrer eigenen Küche haben Sie es immer selbst in der Hand, wie heiß der Makkaroniauflauf, der Spinatreis oder die gefüllten Tomaten auf den Tisch kommen.

Weißkrautsalat

400 g Weißkraut
Meersalz
1 Schalotte
frisch gemahlener weißer Pfeffer
4 EL Olivenöl
1 – 2 EL Weißweinessig

Weißkraut vom Strunk befreien und in dünne Streifen schneiden, salzen und in einer Salatschüssel etwa 45 Minuten ziehen lassen. Die feingehackte Schalotte zugeben. Mit Pfeffer würzen und mit Öl und Essig anmachen.

Blattspinat mit Zitronenjoghurt

800 g junger Blattspinat
2 EL Olivenöl
1 feingehackte Zwiebel
1 – 2 Knoblauchzehen (nach Belieben)
Meersalz
frisch gemahlener schwarzer Pfeffer

Für den Joghurt:
200 g griechischer Schafs- oder Vollmilchjoghurt
1 EL Zitronensaft
Meersalz und Pfeffer

Zum Garnieren:
½ TL abgeriebene Zitronenschale

Den Spinat putzen, die Blattstiele entfernen und die Blätter gut waschen. In einem großen Topf das Öl erhitzen und darin die Zwiebeln und den in feine Scheibchen geschnittenen Knoblauch anbraten. Den gut abgetropften Spinat zugeben und zugedeckt auf kleiner Hitze im eigenen Saft zerfallen lassen. Mit Salz und Pfeffer würzen.

Den Joghurt cremig rühren und mit Zitronensaft, Salz und Pfeffer würzen. Joghurt in die Mitte einer Servierplatte geben, mit der abgeriebenen Zitronenschale garnieren und den Spinat drumherum kranzförmig anrichten.

Weißer Bohnensalat

250 g weiße Bohnen
1 rote Paprikaschote
2 – 3 Frühlingszwiebeln mit Grün
100 g Feta
2 EL glatte Petersilie, frisch gehackt
6 EL Olivenöl
3 EL Zitronensaft
weißer Pfeffer, frisch gemahlen
Meersalz
2 hartgekochte Eier (nach Belieben) zum Garnieren

Die Bohnen 6 – 8 Stunden einweichen. Das Einweichwasser abgießen und die Bohnen in der doppelten Menge frischem Wasser eine Stunde kochen. Eventuell überschüssiges Wasser abgießen und die Bohnen abkühlen lassen. Die Paprikaschote fein würfeln, Frühlingszwiebel mit Grün in feine Ringe schneiden. Den Schafskäse zerbröckeln. Bis auf die Eier alle Zutaten unter die Bohnen mischen und eine halbe Stunde ziehen lassen. Vor dem Servieren mit den geviertelten Eiern garnieren.

Rote Bete-Salat mit gerösteten Sonnenblumenkernen

600 g Rote Bete
1 EL Limonensaft
3 EL Sonnenblumenöl
1 EL Petersilie
frisch gemahlener schwarzer Pfeffer
1 Prise Kräutersalz (nach Belieben)
2 EL Sonnenblumenkerne

Die Rote Bete gut waschen und in ganzer Form in Salzwasser etwa 90 Minuten kochen. Abkühlen lassen, mit einem Messer die Haut abziehen. Die Rote Bete in Scheiben schneiden, die Scheiben eventuell halbieren. Limonensaft, Öl und die feingehackte Petersilie unterheben, mit Pfeffer abschmecken und eventuell mit einer Prise Kräutersalz nachsalzen. Die Sonnenblumenkerne in einem Pfännchen ohne Fett 2 – 3 Minuten rösten und über den Salat streuen.

In Griechenland wird Rote Bete immer gekocht. Sie können es auch mal mit rohen, in feine Stifte geraffelter Roter Bete probieren.

Makkaroniauflauf (Pastizio)

350 g Makkaroni
1 kleine Lauchstange
Olivenöl zum Braten und
für das Nudelwasser
1 Glas geschälte Tomaten (ca. 350 g)
1 EL Tomatenmark
Meersalz, frisch gemahlener Pfeffer
Fett für die Form

Für die Sauce:
50 g Butter
50 g Vollkornmehl
400 ml Milch
2 Eier
80 g Hartkäse
Muskat

Die Makkaroni in Salzwasser und einem Schuß Öl al dente kochen. Den in Ringe geschnittenen Lauch in Öl andünsten, Tomaten aus dem Glas mit Flüssigkeit und Tomatenmark dazugeben und bedeckt auf kleiner Flamme 5 Minuten köcheln. Mit Salz und Pfeffer würzen.

Für die Sauce Butter in einem Topf auslassen und das Mehl darin anschwitzen. Mit dem Schneebesen die Milch langsam einrühren, ohne daß sich Klümpchen bilden. In der heißen, nicht kochenden Milch die Eier verquirlen, die Hälfte des geriebenen Käse zugeben und mit einer Prise Muskat abschmecken.

Die Nudeln in eine gefettete Auflaufform geben, Tomatenmasse darüber verteilen und die Sauce daübergießen. Den restlichen Käse darüberstreuen und im vorgeheizten Backofen auf mittlerer Stufe 30 Minuten backen.

Griechische Backkartoffeln

800 g Kartoffeln,
vorwiegend festkochend
Fett für die Form
Saft einer halben Zitrone
6 EL Olivenöl
Meersalz
schwarzer Pfeffer
½ Bund frisches Oregano
(ersatzweise 1 EL getrocknetes Oregano)

Die Kartoffeln schälen, je nach Größe in Viertel- oder Achtelschnitze schneiden und in eine eingefettete Kasserolle geben. Mit Zitronensaft und der Hälfte des Olivenöls beträufeln und mit Salz und Pfeffer würzen. Das Oregano darüberstreuen. Im vorgeheizten Backofen bei 200° etwa 40 Minuten garen. Nach der Hälfte der Backzeit das restliche Olivenöl darüberträufeln.

Tomaten gefüllt mit Spinat

300 g Spinat, geputzt
4 große Fleischtomaten
Meersalz
50 g Schafsfeta
1 Ei
3 EL Semmelbrösel
2 EL Crème fraîche
Muskat
Pfeffer
Olivenöl zum Anbraten

Den Spinat in einem großen Topf auf kleiner Flamme im eigenen Saft etwa 5 Minuten dünsten, bis er zusammengefallen ist. Von den Tomaten einen Deckel abnehmen und mit einem Löffel aushöhlen. Die ausgehöhlten Tomaten von Innen mit Salz würzen. Den Spinat klein schneiden und mit den übrigen Zutaten mischen. Die Farce in die Tomaten füllen, Deckel draufsetzen. In einer Pfanne das Öl erhitzen und die Tomaten auf kleiner Flamme 5 Minuten braten. Das ausgehöhlte Fruchtfleisch in die Pfanne geben und zugedeckt 6 – 8 Minuten mitdünsten.

Spanakóriso (Spinatreis)

200 g Naturreis (Rundkorn)
½ TL Meersalz
3 Lauchzwiebeln
3 – 4 EL Olivenöl
½ Bund Dill
800 g Spinat
Meersalz
weißer Pfeffer
1 – 2 EL Zitronensaft

Den Reis mit Salz und der doppelten Menge Wasser aufkochen und 45 Minuten garen.

Die Lauchzwiebeln mit Grün fein schneiden und in einem großen Topf in Olivenöl 4 – 5 Minuten sautieren. Den Dill fein hacken und mit dem gekochten Reis unter die Zwiebeln mischen. Den geputzten und gut gewaschenen Spinat darauf legen, mit Salz und Pfeffer würzen, den Zitronensaft darüberträufeln und auf kleiner Flamme 10 Minuten köcheln. Nachdem der Spinat zerfallen ist diesen unter den Reis heben und servieren.

Zucchinipuffer

400 g Zucchini
1 Zwiebel
1 EL Olivenöl
2 Eier
4 EL Semmelbrösel
½ Bund Dill
60 g griechischer Hartkäse (ersatzweise Parmesan)
Meersalz
Pfeffer
Fett zum Ausbacken

Zucchini in Scheiben schneiden und im Dämpfeinsatz oder in heißem Wasser 8 – 10 Minuten vorgaren. Unterdessen die feingehackte Zwiebel in heißem Öl glasig dünsten. Zucchini mit dem Schneidestab oder im Mixer pürieren und mit den übrigen Zutaten mischen. In einer beschichteten Pfanne das Öl erhitzen und die Zucchinimasse eßlöffelweise in das heiße Fett geben, zu flachen Küchlein drücken und knusprig ausbraten.

Mit Tzatziki oder einem Joghurt-Minze-Dip servieren.

Feta, der Star der griechischen Küche

Wer Griechenland kennt, kennt auch Feta. Der in Salzlake eingelegte Schafskäse ist im Land der Hellenen ein Grundnahrungsmittel. Man geizt nicht damit, meist ziert eine üppig dicke Scheibe den Hirten- oder Bauernsalat. Und wenn der Salat mal ohne auf den Tisch kommt, darf man sicher sein, den würzigen Käse irgendwo anders im Menü zu entdecken, entweder als Vorspeise paniert und gebacken oder versteckt als Füllung in Tomaten, Auberginen oder Teigtaschen. Längst hat der bröckelige Weichkäse sich über die Grenzen Griechenlands hinaus einen Namen gemacht. Was Erfolg hat, ist allerdings vor Nachahmung nicht geschützt. Neben dem »original« griechischen, bulgarischen oder korsischen Feta, der traditionell aus etwa 70 % Schafsmilch und 30 % Ziegenmilch gemacht wird, gibt es aus deutschen, dänischen und holländischen Großmolkereien auch »Feta« – dazu wird allerdings so gut wie immer Kuhmilch verwendet. Ergebnis ist ein milderer und vor allem billigerer Käse. Doch es geht nichts über das griechische Original. Feta wird bei uns außer in griechischen und türkischen Lebensmittelgeschäften auch im Naturkostladen angeboten, wahlweise in Folie eingeschweißt oder lose in Salzlake eingelegt: typisch säuerlich-salzig und unheimlich lecker.

Griechischer Hirtensalat

1 kleine Salatgurke
4 Tomaten
1 kleine gelbe Paprikaschote
1 kleine grüne Paprikaschote
1 Zwiebel
200 g Schafsfeta
12 schwarze Oliven

Für das Dressing:
4 EL Olivenöl (bevorzugt Kalamata)
2 EL Weinessig
Meersalz
frisch gemahlener Pfeffer
½ TL getrockneter Oregano

Die Salatgurke streifig schälen und würfeln, die Tomaten halbieren und in Schnitze schneiden. Die Paprikaschoten ebenfalls halbieren, die Kerne herausnehmen und das Fruchtfleisch in dünne Streifen schneiden. Die Zwiebel in Ringe schneiden. Den Feta würfeln. Alles zusammen mit den Oliven in eine Salatschüssel geben. Bis auf das Oregano aus den Dressingzutaten eine Tunke anrühren und unterheben. Zuletzt den Salat mit Oregano bestreuen.

Kartoffelsalat mit Feta

500 g Salatkartoffeln
¼ l Gemüsebrühe
Meersalz
2 Stengel frischer Salbei
1 EL Olivenöl
12 schwarze Oliven
150 g Schafsfeta

Für die Marinade:
2 EL Weißweinessig
5 EL Olivenöl
Meersalz
frisch gemahlener Pfeffer

Zum Garnieren:
25 g Brunnenkresse (ersatzweise ein Kästchen Gartenkresse)

Die Kartoffeln in der Schale kochen, pellen und in Scheiben schneiden. Mit der heißen Gemüsebrühe übergießen, salzen und 20 Minuten durchziehen lassen. Die Salbeiblätter von den Stengeln zupfen und in heißem Olivenöl kurz braten. Die Oliven, den zerbröktelten Käse und die Salbeiblätter vorsichtig unter die Kartoffeln mischen. Die Marinadezutaten anrühren und unter den Salat heben. Mit der Kresse garnieren.

Tomaten mit Schafskäse überbacken

4 mittelgroße Fleischtomaten
Olivenöl für die Form
Meersalz
frisch gemahlener Pfeffer
200 g Schafsfeta
frischer Rosmarin und Thymian

Die Tomaten in fingerdicke Scheiben schneiden und in eine eingeölte Form schichten. Würzen und den in Scheiben geschnittenen Feta darüber verteilen. Mit den Kräutern bestreuen und im vorgeheizten Backofen bei mittlerer Hitze etwa 15 – 20 Minuten überbacken.

Knoblauchfans ergänzen das Gericht mit zwei gehackten Knoblauchzehen.

Nudelsalat mit Feta

250 g kurze Makkaroni
1 Zwiebel
1 rote Paprikaschote
½ Salatgurke
150 g Feta

Für die Marinade:
1 EL Petersilie, gehackt
1 EL Zitronensaft
1 EL Weißweinessig
4 EL Olivenöl
Meersalz
Pfeffer

Zum Garnieren:
1 Schälchen Gartenkresse

Die Nudeln in kochendem Salzwasser al dente kochen, abgießen und unter kaltem Wasser abschrecken. Die Zwiebel fein hacken. Die Paprikaschote halbieren, das Kerngehäuse herausnehmen und klein schneiden. Die Gurke würfeln. Den Feta trockentupfen und zerbröckeln.

Für die Sauce alle Zutaten mischen und unter den Salat heben. Etwa 15 – 20 Minuten ziehen lassen und mit Kresse garnieren.

Fetabratlinge

125 g Naturreis (Rundkorn)
2 EL Olivenöl
½ kleine Lauchstange
150 g Feta
4 EL Vollkornsemmelbrösel
½ Bund Petersilie, feingehackt
½ TL Oregano
Meersalz
Pfeffer
Muskat
Olivenöl oder Palmkernfett zum Ausbacken

Den Reis mit der doppelten Menge Wasser aufsetzen und 45 Minuten garen, bis er schön weich ist. In heißem Olivenöl den in feine Ringe geschnittenen Lauch kurz sautieren. Reis, Lauch, zerbröckelten Käse und die übrigen Zutaten in einer Schüssel gut miteinander verkneten und mit angefeuchteten Händen daraus 7 – 8 Bratlinge formen. In heißem Fett in einer Pfanne beidseitig goldbraun braten.

Panierter Schafskäse

4 Scheiben fester Schafsfeta
frisch gemahlener Pfeffer
Rosenpaprika
1 Ei
4 – 5 EL Semmelbrösel
Fett zum Braten
1 Limone oder kleine Zitrone

Die 1½ Zentimeter dicken Käsescheiben trockentupfen und beidseitig mit Pfeffer und Paprika würzen. In einem Suppenteller das Ei verquirlen, die Käsescheiben darin wenden und in den Semmelbröseln panieren. In heißem Fett von beiden Seiten goldbraun braten. Die Limone vierteln und den Käse unmittelbar vor dem Servieren mit etwas Saft beträufeln.

Paßt gut zu Naturreis und Spinat.

Grüne Bohnen mit Feta

500 g grüne Bohnen
2 EL Olivenöl
frisches Bohnenkraut
500 g festkochende Kartoffeln
Fett für die Form
Meersalz
frisch gemahlener Pfeffer
250 g Tomaten
1 TL Oregano
150 g Feta
Olivenöl zum Beträufeln

Die geputzten Bohnen in einem Topf in heißem Olivenöl 2 Minuten andünsten. Mit 250 ml Wasser ablöschen und zusammen mit dem Bohnenkraut in 20 Minuten al dente garen. Unterdessen die Kartoffeln schälen, halbieren und in Wasser kochen.

Eine Auflaufform gut einfetten und die abgegossenen Kartoffeln einschichten und mit Salz und Pfeffer würzen. Die abgetropften Bohnen darüberschichten und ebenfalls würzen. Die Tomaten in dicke Scheiben schneiden, die Bohnen damit abdecken und mit Oregano bestreuen. Zum Schluß den zerbröckelten Feta darüberstreuen und mit etwas Olivenöl beträufeln.

Im vorgeheizten Backofen bei mittlerer Hitze 25 Minuten überbacken, gelegentlich kontrollieren, damit nichts anbrennt und gegebenenfalls den Backofen etwas runterschalten.

Teigtaschen mit Käsefüllung

(ergibt 10 Taschen)

Für den Teig:
500 g Weizenmehl Typ 1050
250 ml Milch
2 EL Olivenöl
Meersalz
Fett für das Blech

Für die Füllung:
400 g milder Feta
400 g Doppelrahmfrischkäse
3 Eier
1 Bund frischer Oregano
frisch gemahlener Pfeffer

Zum Garnieren und Bepinseln:
1 EL Sonnenblumenkerne
oder 1 EL Sesam
1 Ei

Aus den Teigzutaten einen Teig kneten. Die Hälfte vom Teig abnehmen und auf einer mit Mehl bestäubten Arbeitsfläche dünn ausrollen. Mit Hilfe eines Kuchentellers kreisrunde Fladen ausschneiden. Die Zutaten für die Füllung cremig rühren. Jeweils 2 gehäufte EL der Füllung in die Mitte der Teigböden geben. Ein Ei verquirlen und damit die Teigränder einpinseln. Die gefüllten Teigböden zu Halbmonden zusammenklappen und an den Rändern zusammendrücken. Die Oberfläche mit Ei einpinseln und mit Sonnenblumenkernen bzw. Sesam bestreuen. Die Taschen auf ein gefettetes Backblech geben, mit einer Gabel mehrmals einstechen und im vorgeheizten Backofen bei mittlerer Hitze 25 Minuten backen.

Türkei

Mit einer Mittelmeerküste, die sich vom Bosporus über 1500 km bis nach Syrien erstreckt, ist die Türkei nicht nur politisch, sondern auch kulinarisch die Schnittstelle zwischen Europa und dem Orient. So manches türkische Gericht könnte auch in Griechenland auf den Tisch kommen, wenn auch angesichts der jahrhundertealten Rivalität zwischen den beiden Ländern sowohl die Türken als auch die Griechen sich jeglichen Vergleich strikt verbitten.

Was mich auf meinen Reisen durch die Türkei auf Anhieb begeistert hat, sind die einfachen Garküchen, wie man sie in Istanbul und Izmir an jeder Ecke findet: geschmorte Auberginen und Zucchini, gefüllte Paprika und Weinblätter, die in reichlich Olivenöl auf einem Blech einträchtig nebeneinander vor sich hin simmern. Mag durch das stundelange Warmhalten so manches Vitaminchen verloren gehen, lecker ist es trotzdem.

Das tägliche Angebot bestimmt den Speiseplan in der türkischen Küche. Gekocht wird mit dem, was gerade Saison hat – im Sommer sind das beispielsweise Gurken, Tomaten und Auberginen, im Winter Spinat oder Kohl. Kochen nach den Jahreszeiten ist preisgünstig und bildet außerdem eine Basis für wohlschmeckende Gerichte.

Knackiges Gemüse wird für Salate verwendet, kann aber auch als gefülltes Gemüse warm oder kalt auf den Tisch kommen. Tomaten oder Paprika mit Reisfüllung sind beliebte Gerichte, aber auch gefüllte Weinblätter finden sich auf türkischen Vorspeisentellern.

Reis ist ein preiswertes Grundnahrungsmittel und eignet sich gut als locker-leichte Füllung. Traditionell wird er dazu mit Rosinen und Nüssen vermischt. Frische Kräuter und orientalische Gewürze wie Piment und Zimt sorgen für den besonderen Geschmack. Eine interessante Variante ist die Kombination mit Schafskäse und Oliven.

Bulgur, vorgegarter Weizengrieß, kann ähnlich wie Reis für gefüllte Gemüse verwendet werden und wird als Beilage oder Suppenzutat serviert.

Auberginen werden wie in Griechenland in vielen Variationen für Vorspeisen oder Hauptgerichte verwendet. Jede Familie hat ihre speziellen Zubereitungsarten. Auberginenscheiben mit Joghurtsauce ist ein Beispiel für eines der bekanntesten Gerichte.

Für unseren Gaumen eher ungewöhnlich, aber sehr zu empfehlen sind außerdem die verschiedenen pikanten Pasten, die aus Schafskäse oder Hülsenfrüchten wie roten Linsen oder Kichererbsen hergestellt werden.

Suppenfans werden von der türkischen Küche ebenfalls begeistert sein. Leichte Suppen wie Rote Linsensuppe oder die berühmte Almsuppe mit Minze werden zu Beginn eines Menü serviert, sättigende Eintöpfe kommen als Hauptgericht auf den Tisch.

Zu allen Mahlzeiten gibt es Fladenbrot, das in vielen ländlichen Haushalten noch selbst gebacken wird.

Rote Linsensuppe

1 Zwiebel
1 EL Butter
1 mittelgroße Möhre
1 große Kartoffel
250 g rote Linsen
1 Lorbeerblatt
1¼ l Gemüsebrühe
Meersalz
weißer Pfeffer
125 ml Sahne
glatte Petersilie zum Garnieren

Die Zwiebel fein hacken und in einem Topf in der ausgelassenen Butter glasig dünsten. Die Möhre fein raffeln, die Kartoffel schälen und in streichholzgroße Stifte schneiden.

Möhren, Kartoffeln, Linsen und das Lorbeerblatt zu den Zwiebeln geben, mit der Gemüsebrühe ablöschen und 30 Minuten garen. Mit Salz und Pfeffer abschmecken, die Sahne unterrühren und mit feingehackter Petersilie garnieren.

Rote Linsenpaste

100 g rote Linsen
1 Schalotte
2 EL Tahin
1 Knoblauchzehe (nach Belieben)
1 TL Rosenpaprika
Meersalz
Saft von ¼ Limone
oder ein paar Blättchen frische Zitronenmelisse

Linsen in der doppelten Menge Wasser aufkochen und 15 Minuten garen, bis das ganze Wasser von den Linsen aufgenommen ist. Im Mixer pürieren und etwas abkühlen lassen. Die feingehackte Schalotte, eventuell die feingehackte Knoblauchzehe und das Tahin unterrühren und mit Rosenpaprika, Salz und Limonensaft abschmecken oder einige Blättchen frischer Zitronenmelisse unterrühren.

Wird gerne lauwarm als Vorspeise verzehrt und ist darüber hinaus auch ein herzhafter Brotaufstrich. Gekühlt hält sich die Linsenpaste 2 – 4 Tage.

Gefüllte Kohlrabi mit Bulgur

4 große Kohlrabi
75 g Bulgur
2 EL Butter
1 kleine Zwiebel
1 frische rote Peperoni
200 g Champignons
½ Bund Petersilie
1 Tomate
100 ml Sahne
Meersalz, Pfeffer und Muskat
100 g Bergkäse oder Emmentaler

Kohlrabi von den Blättern befreien und schälen, die Herzblätter beiseite legen. Mit einem Tomatenmesser oder einem Kugelaustecher aushöhlen und in etwas Wasser 10 Minuten vorgaren.

Bulgur in der doppelten Menge Wasser auf kleiner Flamme 15 Minuten kochen. In einer Pfanne die Butter auslassen und die feingehackte Zwiebeln, die entkernte und feingeschnittene Peperoni und die in Scheiben geschnittenen Champignons kurz andünsten. Vom Herd nehmen, feingehackte Petersilie, die feingewürfelte Tomate, die Sahne und den gekochten Bulgur untermischen. Mit Salz, Pfeffer und Muskat gut würzen. Die Füllung in die Kohlrabi geben, diese in eine eingefettete Form setzen und mit 200 ml Kohlrabikochwasser auffüllen. Im vorgeheizten Backofen 20 Minuten garen, nach 10 Minuten den geriebenen Käse auf die Kohlrabi legen. Vor dem Servieren mit den gehackten Herzblättern garnieren.

Gefüllte Paprika mit Langkornreis

100 g Naturreis (Langkorn)
4 große Paprikaschoten
1 Vollkornbrötchen
1 EL Butter
1 Zwiebel
1 Ei
100 g Schafsfeta
50 g schwarze Oliven
½ TL Rosenpaprika
Meersalz, schwarzer Pfeffer, Oregano

Für die Sauce:
2 EL Olivenöl
2 EL Tomatenmark
600 g Tomaten
Meersalz
frisch gemahlener Pfeffer
1 – 2 Zweige frischer Rosmarin
1 Lorbeerblatt

Den Reis mit der doppelten Menge Wasser aufsetzen und 40 Minuten garen. Von den Paprikaschoten einen Deckel abschneiden und das Kerngehäuse herausnehmen. Das Brötchen in kaltem Wasser einweichen. In einer Pfanne die Butter auslassen und die Zwiebel glasig dünsten. Den Reis mit Zwiebeln, Brot, Ei, zerbröckelten Feta, kleingeschnittenen Oliven und Gewürzen zu einer Masse kneten und in die Paprikaschoten füllen. Für die Sauce Öl in einer großen Pfanne erhitzen und Tomatenmark einrühren. Die grobgewürfelten Tomaten zufügen, mit Salz und Pfeffer würzen und die Kräuter zugeben. Die gefüllten Paprika auf die Tomaten geben und zugedeckt 45 Minuten dünsten.

Zebra-Auberginen

4 Auberginen à 300 g
reichlich Olivenöl
2 mittelgroße Zwiebeln
2 – 3 Knoblauchzehen
½ Bund glatte Petersilie
Meersalz
1 TL Rosenpaprika
Fett für die Form
2 kleine Tomaten
4 eingelegte Peperoni
¼ l Gemüsebrühe
1 EL Zitronensaft

Das Gericht wird in der Türkei »Der Iman fiel in Ohnmacht« genannt, vielleicht deshalb, weil der gute Mann von den gebackenen Auberginen so begeistert war, daß ihm schon bei deren Anblick die Sinne schwanden.
Die Zebra-Auberginen können übrigens auch kalt gegessen werden.

Die Auberginen von den Stielansätzen befreien. Von der Schale fingerbreite Längsstreifen abschneiden, dazwischen immer einen Streifen Schale stehen lassen, so daß sich ein Zebra-Muster ergibt. Mit dem Messer die Früchte ein paarmal einstechen und jeweils der Länge nach einmal tief einschneiden. In einer beschichteten Pfanne Olivenöl erhitzen und die Auberginen von allen Seiten anbraten. Aus der Pfanne herausnehmen und im übriggebliebenen Öl die in Halbmonde geschnittenen Zwiebeln und den Knoblauch anbraten. Gehackte Petersilie zugeben und mit Salz und Rosenpaprika würzen.

Die Auberginen an der Schnittstelle etwas auseinanderziehen und mit den Zwiebeln füllen. Eine feuerfeste Form einfetten und die Auberginen darin nebeneinander setzen. Die Zwiebelfüllung jeweils mit 2 Tomatenscheiben und einer Peperoni abdecken. Eine Tasse Gemüsebrühe angießen und die Auberginen im vorgheizten Backofen bei mittlerer Temperatur 25 Minuten garen. Vor dem Servieren mit Zitronensaft beträufeln.

Auberginen an Joghurtsauce

2 Auberginen (ca. 500 g)
Meersalz
Weizenvollkornmehl
Olivenöl zum Braten

Für die Joghurtsauce:
250 g Schafsmilchjoghurt (ersatzweise Vollmilchjoghurt)
4 rote Peperoni (mild)
1 Knoblauchzehe (nach Belieben)
Meersalz
frisch gemahlener Pfeffer
Rosenpaprika

Auberginen in ½ Zentimeter dicke Scheiben schneiden. Salzen, in Mehl wälzen und in heißem Öl bräunen. Auf Küchenkrepp legen und das Öl abtropfen lassen.

Joghurt cremig rühren. Peperoni der Länge nach aufschneiden, entkernen, in feine Ringe schneiden und dem Joghurt zugeben. Knoblauchzehe abziehen, durch die Presse geben und in den Joghurt rühren. Mit Salz, Pfeffer und Rosenpaprika würzen.

Auberginen auf die Teller geben, mit einer Prise Salz abschmecken und einem Klecks Joghurtsauce servieren.

Kürbisgemüse in Joghurtsauce

800 Kürbis (z.B. Potimarron oder Hokkaido)
2 mittelgroße Zwiebeln
2 EL Butter
Meersalz
schwarzer Pfeffer, frisch gemahlen
Muskat
150 ml Wasser oder Gemüsebrühe
250 g Naturjoghurt
2 EL frisch gepreßter Zitronensaft
1 EL frische gehackte glatte Petersilie

Den Kürbis schälen (geht etwas schwer) und das Kerngehäuse herausnehmen. Die Zwiebeln in Ringe schneiden und in der ausgelassenen Butter glasig dünsten. Den grobgewürfelten Kürbis zugeben, mit den Gewürzen abschmecken und mit Wasser ablöschen. Auf kleiner Flamme zugedeckt 10 – 12 Minuten köcheln lassen. Den Joghurt mit dem Zitronensaft und der Petersilie vermengen, in das Kürbisgemüse einrühren und nochmals eine Minute heiß werden lassen.

Zwiebelpuffer

4 mittelgroße Zwiebeln (je ca. 100 g)
Meersalz
2 Eier
6 EL Weizenvollkornmehl
frisch gemahlener Pfeffer
Olivenöl zum Ausbacken

Die geschälten Zwiebeln halbieren und in feine Halbringe schneiden. Mit Salz bestreuen und im Mörser leicht anstampfen. Mit den Eiern und dem Mehl mischen und mit Pfeffer abschmecken. In einer beschichteten Pfanne das Öl erhitzen. Die Zwiebelmasse eßlöffelweise in das heiße Öl geben, zu flachen Puffern drücken und beidseitig ausbraten.

Almsuppe mit Paprikabutter

600 ml Gemüsebrühe
200 g Naturjoghurt
1 Ei
3 EL gekochter Naturreis (Langkorn)
1 EL Weizenvollkornmehl
Meersalz
Muskat

Für die »Sauce«:
1 Bund frische Minze
4 EL Butter
1 EL Rosenpaprika

Die Gemüsebrühe in einem Topf erhitzen. Joghurt mit dem verquirlten Ei, dem Reis und dem Mehl in einem zweiten Topf ebenfalls heiß werden lassen. Unter Rühren langsam die Brühe einrühren und mit Salz und Muskat abschmecken.

Von der Minze einige Blättchen zur Seite legen. Den Rest grob hacken und in einem Pfännchen in der ausgelassenen Buter zusammen mit dem Rosenpaprika kurz braten.

Die Suppe portionieren und mit jeweils 1 EL Paprikabutter und mit Minzeblättchen garnieren.

Süßer Mandel-Pistazien-Reis

3 EL Olivenöl oder Butter
½ Tasse Mandelstifte
½ Tasse frische Pistazien (ungeröstet und ungesalzen)
½ Tasse Korinthen
2 Tassen ungeschälter Langkornreis
4 Tassen Wasser
2 Prisen Salz

Öl oder Butter in einem nicht zu flachen Topf erhitzen und die Mandeln und Pistazien vorsichtig darin rösten, bis sie eine goldene Farbe haben. Die Korinthen unterrühren und den gut abgetropften Reis einige Minuten lang unter Rühren mit Mandeln, Pistazien und Korinthen sautieren. Das Wasser angießen, zum Kochen bringen, salzen und mit einem Deckel in 45 – 50 Minuten garen, bis die Reiskörner aufgeplatzt sind und alle Kochflüssigkeit aufgenommen haben.

Libanon

Der Libanon war vor den Kriegswirren eine blühende Agrarregion im Mittelmeer. Aber auch heute noch gedeihen an der Küste des Landes Bananen und Zitrusfürchte, weiter im Landesinneren aromatische Früchte wie Pfirsiche, Aprikosen oder Melonen. Die fruchtbare Bekaa-Ebene ist Hauptanbaugebiet für Gemüse wie Tomaten, Auberginen, Artischocken und Zucchini. Schafe und Ziegen liefern die Milch für fettreichen Joghurt und verschiedene Käsesorten.

Die libanesische Küche ist uns geographisch am weitesten entfernt. Sie hebt sich von der Mittelmeerküche im engeren Sinne etwas ab, ist durch die reichliche Verwendung von Olivenöl, Knoblauch und Gemüse wie Auberginen, Tomaten und Kürbis dennoch unverwechselbar mediterran. Was die Küche im Libanon und die des Nahen Ostens zusätzlich interessant macht, ist der deutlich orientalisch geprägte Einschlag. Besonders ausgefeilt gibt sich die Würzkunst. Kardamom, Kreuzkümmel und Safran, aber auch frische Minze, Rosenwasser und Zitrusfrüchte gelten in der arabischen Küche als unentbehrlich und verleihen jedem Gericht eine spezielle Note.

Typisch für den arabischen Raum sind Getreidegerichte aus Bulgur und Couscous, hochgeschätzt sind Bohnen und Kichererbsen. Neben Tabouleh und Tahin ist bei uns vor allem die Falafel bekannt, eine vegetarische Fast-Food-Variante, die mittlerweile in ernsthafte Konkurrenz zu Kebab und Currywurst getreten ist.

Ein wichtiges Grundnahrungsmittel ist, wie in allen arabischen Staaten, der Weizen. Daraus werden Fladenbrote gebacken, die zu allen Mahlzeiten gegessen werden und, in handliche Stücke gebrochen, das Eßbesteck ersetzen können. Hartweizen wird außerdem zu Couscous oder Bulgur verarbeitet. Die Getreideprodukte finden sich in den unterschiedlichsten libanesischen Gerichten wieder – mal kalt, mal warm, mal pikant, mal süß zubereitet. Reis wird dagegen eher selten verzehrt.

Couscous wird aus Hartweizengrieß hergestellt, der befeuchtet und mit einer dünnen Mehlschicht überzogen wird. Dadurch kleben die Körnchen beim Dämpfen anschließend nicht zusammen. Zur Zubereitung verwendet man in der arabischen Küche einen speziellen Topf, der aus zwei Teilen besteht. Im unteren Teil gart das Eintopfgericht, in den Aufsatz mit perforiertem Boden kommt der Couscous. Der Grieß kann so über dem aufsteigenden, aromatisch duftenden Dampf garen.

Für Bulgur wird der Weizen vorgekocht, anschließend wieder getrocknet und dann fein- oder grobgeschrotet. Die feinkörnige Variante wird beispielsweise für Tabouleh, Bulgur-Petersilien-Salat oder Falafel, die bekannten Kichererbsenbällchen, verwendet. Grobgeschroteter Bulgur ist eher für Eintöpfe oder Füllungen geeignet.

Weizengrieß wird gerne mit Hülsenfrüchten kombiniert. Beliebt sind neben Kichererbsen verschiedene

Linsensorten, getrocknete Bohnen in allen Farben und Größen und frische grüne Bohnen.

Eine geschmackliche und nahrhafte Ergänzung dazu sind Nüsse und Samen. Pistazien und Pinienkerne, aber auch Mandeln oder Cashewnüsse finden sich in Vorspeisen oder in Hauptgerichten oder werden als Knabberei angeboten. Sesam gibt vielen Speisen das gewisse Etwas, mal wird die Saat geröstet und wie beim Kichererbsensalat als Garnitur verwendet, mal sorgt Sesammus wie beispielsweise bei Humus für Geschmack und richtige Konsistenz.

Die exotischen Gewürze und ungewohnten Zutaten der libanesischen Küche sind für den deutschen Gaumen vielleicht zunächst etwas gewöhnungsbedürftig. Aber wer gerne einmal anderen Ländern in die Kochtöpfe schaut und immer mal wieder auf der Suche nach neuen, vegetarischen Gerichten ist, kommt sicher bald auf den Geschmack.

Okraschoten mit geschmorten Tomaten

400 g Okraschoten
3 EL Olivenöl
1 Zwiebel
600 g Tomaten
½ Bund glatte Petersilie
Meersalz
frisch gemahlener Pfeffer
1 – 2 EL Zitronensaft

Von den gewaschenen Okraschoten vorsichtig die Stielansätze wegschneiden. Schneiden Sie zuviel weg, sondert die Schote während des Kochens einen milchigen Saft ab. Öl in einer Pfanne erhitzen und die in Ringe geschnittenen Zwiebeln und die Okraschoten auf kleiner Flamme 10 Minuten dünsten. Die grobgewürfelten Tomaten und die gehackte Petersilie zugeben, würzen und zugedeckt weitere 15 Minuten schmoren.

Mit Zitronensaft beträufeln und zu einem Reisgericht servieren.

Feurige Okraschoten

500 g Okraschoten
2 Schalotten
1 EL Butter
1 EL Ingwer, frisch gerieben
½ TL Kurkuma
½ TL Cumin
1 Spur Cayennepfeffer
200 g Naturjoghurt
1 EL Zitronensaft
Meersalz

Die Okraschoten vorsichtig von den Stielansätzen befreien und darauf achten, daß die Schoten nicht angeritzt werden, da sonst der klebrige Milchsaft austritt. In einem großen Topf die feingehackten Schalotten in der Butter glasig dünsten. Den geriebenen Ingwer und die übrigen Gewürze kurz mitbraten. Die Okraschoten zugeben, mit ½ Tasse Wasser angießen und auf kleiner Hitze zugedeckt 12 Minuten dünsten. Joghurt unterrühren und das Gemüse mit Zitronensaft und Salz abschmecken und ohne Deckel weitere 10 Minuten dünsten.

Okraschoten, auf englisch mit dem schönen Namen *Ladyfingers* bezeichnet, sind im östlichen Mittelmeerraum weit verbreitet und geschätzt.

Tabouleh

150 g Bulgur
300 g Tomaten
1 Zwiebel
1 Bund glatte Petersilie
2 Knoblauchzehen
4 EL Olivenöl
Saft einer halben Zitrone
½ TL Cumin, gemahlen
Meersalz
schwarzer Pfeffer

Den Bulgur in einem Schälchen mit 250 ml heißem Wasser übergießen und etwa 1 Stunde quellen lassen. Eventuell überschüssiges Wasser durch ein Sieb abtropfen lassen. Die Tomaten in kleine Würfel schneiden, Zwiebel und Petersilie fein hacken, den Knoblauch durchpressen. Alle Zutaten zu einem Salat anmischen.

Gedünstetes Lauchgemüse mit Backpflaumen

200 g getrocknete Pflaumen, entsteint
2 Stangen Lauch (ca. 400 – 500 g)
2 EL Butter
Meersalz
weißer Pfeffer, frisch gemahlen
2 EL Zitronensaft

Die Pflaumen in einer Tasse Wasser 3 – 4 Stunden einweichen. Den Lauch putzen, gut waschen und in schräg angeschnittene 1½ Zentimeter breite Streifen schneiden. In einer Pfanne die Butter auslassen, den Lauch darin kurz andünsten. Die Pflaumen mit dem Einweichwasser zugeben und zugedeckt auf kleiner Flamme 12 – 15 Minuten dünsten. Mit Salz und Pfeffer würzen und ganz am Schluß den Zitronensaft unterrühren.

Gewürzlinsen orientalisch

250 g braune Linsen
½ TL Kurkuma
1 Lorbeerblatt
1 Zwiebel
1 EL Butter
½ TL Cumin
¼ TL Meersalz
1 Spur Cayennepfeffer
1 TL frischgeriebener Ingwer
60 ml süße Sahne

Die Linsen verlesen und in der drei- bis vierfachen Menge Wasser aufsetzen. Kurkuma und Lorbeerblatt zugeben und auf kleiner Flamme eine knappe Stunde köcheln lassen. In einer Pfanne die feingewürfelte Zwiebel in der ausgelassenen Butter glasig dünsten. Cumin, Salz, Pfeffer und den Ingwer zugeben und kurz mitbraten. Die Linsen und Sahne einrühren und nochmals 3 – 4 Minuten auf kleiner Hitze warm halten.

> Bei den Linsen sollten noch etwas Restkochwasser sein. Falls sie zu trocken gekocht sind, geben Sie mit der Sahne noch ein paar EL Wasser oder Gemüsebrühe zu. Paßt als dicke Sauce gut zu Naturreis.

Orangenreis mit Mandelkernen

250 g Naturreis (Langkorn)
Meersalz
60 g Mandeln
2 kleine unbehandelte Orangen
2 EL Butter
2 EL Rosinen

Den Reis mit der doppelten Wassermenge und Salz aufkochen und 45 Minuten auf kleiner Flamme garen. Mandeln mit heißem Wasser überbrühen, einige Minuten darin einweichen und dann die braune Samenhaut abziehen. In einer trockenen Pfanne die Mandeln kurz rösten. Von einer Orange 1 EL Schale abreiben und die Früchte anschließend halbieren und den Saft auspressen. In einer Pfanne die Butter auslassen und den gekochten Reis kurz darin anbraten. Orangenschale, Saft, Rosinen und Mandeln unterrühren und 2 Minuten köcheln lassen.

Couscoussalat

150 g Couscous
4 Eier (nach Belieben) zum Garnieren
1 Frühlingszwiebel mit Grün
1 Knoblauchzehe (nach Belieben)
½ kleine rote Chilischote (ersatzweise Cayennepfeffer)
1 kleine Gurke (ca. 400 g)
250 g Tomaten
½ Bund Petersilie
Meersalz
3 – 4 EL Olivenöl
2 EL Zitronensaft
2 EL Sonnenblumenkerne
frische Minze

Couscous in einem Topf ohne Fett unter ständigem Wenden 2 –3 Minuten anrösten, mit der doppelten Menge Wasser ablöschen und auf kleiner Flamme 10 Minuten köcheln. Abkühlen lassen.

Unterdessen die Eier hart kochen, die Frühlingszwiebel fein hacken, das Grün in feine Ringe schneiden, die Knoblauchzehe abziehen und pressen. Chili der Länge nach halbieren, die Kerne herausnehmen und ganz fein schneiden. Alles zusammen mit der geschälten und feingewürfelten Gurke und den feingewürfelten Tomaten sowie der gehackten Petersilie in eine Schüssel geben und den Couscous unterheben. Salzen und mit Öl und Zitrone anmachen.
10 Minuten durchziehen lassen. Sonnenblumenkerne in einer Pfanne ohne Fett 2 – 3 Minuten rösten und über den Salat streuen. Mit den geviertelten Eiern und einigen Minzeblättern garnieren.

Süßes Couscous

250 g Couscous
75 g Mandeln
2 – 3 EL Butter
4 EL Rosinen
2 EL Honig
½ TL Zimt

Couscous in einer Schale mit Wasser bedeckt 15 Minuten quellen lassen. Im Dämpfeinsatz (Sie können auch ein Sieb über einen mit etwas Wasser gefüllten Topf hängen) 10 – 12 Minuten garen. Unterdessen die Mandeln grob hacken und in einer trockenen Pfanne 3 Minuten rösten. Den Couscous in eine vorgewärmte Schüssel stürzen. Mandeln, Butter, Rosinen und Honig unterrühren und mit Zimt bestäuben.

Süßes *Couscous* bietet sich auch als tolle Müslivariante an. Wer mag, gibt je nach Saison noch kleingeschnittenes Obst dazu, im Sommer beispielsweise Nektarinen, im Herbst Weintrauben und im Winter Apfelsinen. Vollwertig und lecker!

Kichererbsen – eine runde Sache

Vielseitig verwendbar, dazu überaus reich an Eiweiß und Eisen: Das zeichnet die ursprünglich im Mittleren Osten beheimatete Hülsenfrucht aus. Die äußerst anspruchslose Feldfrucht bringt auch noch auf kargen Böden gute Erträge, nur einigermaßen warm und trocken will sie es schon haben. Dennoch wurden Kichererbsen bis ins letzte Jahrhundert hinein in bescheidenem Umfang auch in Deutschland kultiviert, der Anbau beschränkte sich allerdings auf die warmen Weinregionen in der Pfalz, am Rhein und in Württemberg, wo nach dem Ersten Weltkrieg aus gerösteten Kichererbsen ein Kaffee-Ersatz hergestellt wurde. Die Heilkundige Hildegard von Bingen (1098 – 1179) wußte über die nahrhafte Erbse von einer »leichten und angenehmen« Speise zu berichten und empfahl Kichererbsen auch als Mittel gegen Fieber.

Während Kichererbsen bei uns fast in Vergessenheit gerieten, sind sie im ganzen Mittelmeerraum, vornehmlich in den arabischen Ländern, aber auch in Spanien, ein überaus geschätztes Grundnahrungsmittel. Wie alle Hülsenfrüchte brauchen die Kichererbsen allerdings zur Zubereitung etwas Zeit. Auch wenn sie über Nacht eingeweicht wurden, müssen Sie eine Garzeit von anderthalb Stunden einplanen. Noch ein Tip: Salzen Sie erst am Ende der Garzeit, da Salz, wie bei allen anderen Hülsenfrüchten auch, das Weichwerden verzögert.

Falafelbällchen mit Sesamsauce

200 g Kichererbsen
80 g Bulgur
2 Knoblauchzehen
½ Bund glatte Petersilie
1 MS Chilipulver
½ TL Cumin, gemahlen
Meersalz
Pfeffer
1 – 2 TL Zitronensaft
½ l Sesamöl oder Palmkernfett zum Fritieren

Kichererbsen am Vortag einweichen. Mit frischem Wasser aufsetzen, nach dem Aufkochen mit einem Löffel den Schaum abschöpfen und in etwa 1½ Stunden garkochen. Die Kichererbsen im Fleischwolf zu Püree drehen (oder mit dem Schneidestab pürieren).

Bulgur in 100 ml heißem Wasser einige Minuten quellen lassen. Knoblauchzehen abziehen und durch die Presse geben. Die Petersilie fein hacken.

Alle Zutaten zu einem Teig mischen und 20 Minuten ziehen lassen. Dann mit angefeuchteten Händen pflaumengroße Bällchen formen. In der Friteuse das Pflanzenfett erhitzen und die Bällchen goldbraun fritieren. Mit einem Lochlöffel herausheben und auf Küchenpapier legen.

Sesamsauce

100 g Tahin
60 g Naturjoghurt
3 EL Zitronensaft
1 TL Weißweinessig
½ TL Cumin, gemahlen
1 Knoblauchzehe
Meersalz
weißer Pfeffer

Die Knoblauchzehe pressen und in einem Schälchen alle Zutaten mixen und mit löffelweise dazugegebenen Wasser zu einer cremigen Sauce rühren. Gekühlt zu den Falafelbällchen servieren.

Die Kichererbsenbällchen werden im Nahen Osten zusammen mit Zwiebelringen, Tomatenscheiben und einer Peperoni in runde Fladenbrote oder Pitataschen gefüllt, mit Sesamsauce übergossen und in Papier gewickelt aus der Hand gegessen.

Kichererbsensalat oriental

300 g Lauch
400 g Tomaten
½ Bund Korianderkraut (ersatzweise glatte Petersilie)
350 g gekochte Kichererbsen (entspricht etwa 150 g ungekochten Erbsen)

Für die Sauce:
125 g Naturjoghurt
1 EL Tahin
4 EL Zitronensaft
Meersalz
frisch gemahlener schwarzer Pfeffer
1 Msp Cumin

Zum Garnieren:
1 EL Sesamsaat
frische Minzeblätter

Vom Lauch das Dunkelgrüne wegschneiden (und für ein Eintopfgericht aufbewahren). Den Rest waschen, in 1 Zentimeter breite Ringe schneiden und in Salzwasser 2 Minuten blanchieren. Die Tomaten würfeln und Koriander bzw. Petersilie hacken. Das Gemüse und die Kräuter mit den gekochten Kichererbsen in einer Schüssel mischen.

Aus Joghurt, Tahin, Zitronensaft und den Gewürzen eine Sauce anrühren und unter die Kichererbsen mischen.

Sesamsaat in einer heißen Pfanne ohne Fett 2 – 3 Minuten rösten und über den Salat streuen. Mit Minzeblättern garnieren.

Kichererbsenbratlinge

100 g Kichererbsen
1 Stück Lauch (ca. 100 g)
1 Ei
2 EL gehackte Petersilie
3 EL Zitronensaft
1 Zwiebel
½ TL Rosenpaprika
½ TL Cumin
Meersalz
Muskat
1 Msp Cayennepfeffer
1 – 2 EL Semmelbrösel nach Bedarf
Olivenöl zum Braten

Kichererbsen in kaltem Wasser 6 – 8 Stunden oder über Nacht einweichen. Die Erbsen kurz durchspülen, abtropfen lassen und mit den übrigen Zutaten im Mixer oder mit dem Schneidestab zu einem Brei pürieren. Sollte der Brei zu feucht sein, rühren Sie 1 – 2 EL Semmelbrösel ein.

In einer beschichteten Pfanne das Öl erhitzen. Mit einem Löffel pflaumengroße Portionen abnehmen, in der Pfanne zu flachen Küchlein drücken und beidseitig ausbraten.

Mit einer Joghurtsauce servieren.

Kichererbseneintopf

200 g Kichererbsen
200 g weiße Bohnen
2 Lorbeerblätter
2 Möhren
1 Lauchstange
250 g Tomaten
1 MS Muskatblüte
Koriander
Meersalz
Cayennepfeffer

Die Kichererbsen und Bohnen über Nacht einweichen. Tags darauf das Einweichwasser abgießen und die Hülsenfrüchte mit der doppelten Menge Wasser aufkochen, mit einem Löffel den Schaum abschöpfen.

Lorbeerblätter zugeben und leise eine Stunde garen. Möhren in Stifte, Lauch in Ringe schneiden und den Hülsenfrüchten zugeben und eine weitere Viertelstunde köcheln lassen. Die geviertelten Tomaten zugeben, würzen und weitere 10 Minuten garen.

> Wenn Sie den Geschmack des Eintopfes verstärken wollen, geben Sie einen EL gekörnte Gemüsebrühe zu, dafür dann etwas weniger Salz.

Kichererbsen überbacken

125 g Kichererbsen
2 Lorbeerblätter
4 EL Olivenöl
2 Zwiebeln
2 Knoblauchzehen (nach Belieben)
Meersalz
Pfeffer, frisch gemahlen
1 EL Zitronensaft
Fett für die Form
750 g Tomaten
1 TL Majoran, getrocknet
250 g Schafskäse
1 EL Vollkornbrösel

Die Kichererbsen 6 bis 8 Stunden oder über Nacht in kaltem Wasser einweichen. Das Einweichwasser abgießen und die Kichererbsen in der doppelten Menge Wasser mit den Lorbeerblättern aufsetzen und 1 Stunde kochen. In einer Pfanne die Hälfte des Olivenöls erhitzen und darin die Zwiebeln und den Knoblauch glasig dünsten. Die gekochten und abgetropften Kichererbsen zugeben, mit Salz und Pfeffer würzen, den Zitronensaft unterrühren und kurz mitdünsten.

Eine feuerfeste Form einfetten und die Kichererbsen/Zwiebeln einfüllen. Die Tomaten in Scheiben schneiden und darüberschichten. Majoran und zerbröckelten Schafskäse darüber verteilen. Mit Vollkornbröseln bestreuen und dem restlichen Olivenöl beträufeln. Im vorgeheizten Backofen bei mittlerer Hitze 30 Minuten überbacken.

> Wollen Sie dem Gericht eine italienische Note geben, verwenden Sie anstelle von Schafskäse und Majoran Mozzarella und getrocknetes Basilikum.

Humus

200 g gekochte Kichererbsen (entspricht ca. 100 g ungekochten Kichererbsen)
1 Knoblauchzehe
2 EL Tahin
2 EL Zitronensaft
Meersalz
frische Minze zum Garnieren

Kichererbsen mit der abgezogenen Knoblauchzehe, dem Tahin und Zitronensaft im Mixer fein pürieren. Mit Meersalz abschmecken und eventuell mit etwas Wasser oder Gemüsebrühe verdünnen. Kühlstellen und vor dem Servieren mit einigen Minzeblättern garnieren.

Paßt zu Gemüse- und Reisgerichten und ist vor allem ein toller Brotaufstrich. Hält sich gekühlt mehrere Tage.

Süßkartoffeln mit Frühlingsgemüse

500 g Süßkartoffeln
1 Zwiebel
500 g frische Erbsenschoten (ergibt ca. 150 g entschotete Erbsen)
2 junge Möhren (ca. 200 g)
2 EL Butterschmalz (ersatzweise Olivenöl)
125 ml Gemüsebrühe
1 EL flüssiger Honig
1 EL Obstessig
1 Msp Cayennepfeffer
Meersalz
frsches Korianderkraut zum Garnieren

Die Süßkartoffeln schälen und in kleine Würfel schneiden. Die Zwiebel fein hacken, die Erbsen entschoten und die Möhren ebenfalls würfeln. Das Butterschmalz in in einer schweren Pfanne erhitzen und die Süßkartoffeln zusammen mit den Zwiebeln 4 – 5 Minuten anbraten. Erbsen und Möhren zugeben, mit der Gemüsebrühe ablöschen und 15 Minuten auf kleiner Flamme garen bis die Flüssigkeit weitgehend verdampft ist. In einem Schälchen Honig, Essig und Gewürze mit 1 – 2 EL Wasser anrühren. Über das Gemüse träufeln und nochmals 3 Minuten ziehen lassen.

Mit feingehacktem Korianderkraut garnieren.

La dolce vita – Süßes Finale

Schleckermäuler und Naschkätzchen gibt es überall, auch rund ums Mittelmeer – und das nicht zu knapp. Zu süß ist die Versuchung, zu vielversprechend der Genuß, um darauf zu verzichten. Eine süße Nachspeise als krönender Abschluß eines gelungenen Menüs darf in Andalusien und der Provence ebenso wenig fehlen wie auf einer griechischen Insel. So manches davon kann reichlich Zucker und Fett enthalten. Zumindest mit ersterem bin ich sparsam umgegangen und habe zudem raffinierten weißen Zucker durch alternative, sprich weniger raffinierte Süßmittel ersetzt. In Klassikern wie dem Parfait oder Mousse au chocolat findet sich allerdings eine gehörige Portion an kalorienreicher Sahne und anderen Dickmachern. Das muß so sein, sonst wären Desserts schließlich keine echte Versuchung!

Ricottapuffer

350 g Ricotta (ungesalzen)
175 g Weizenvollkornmehl
2 Eier
80 g Rosinen
30 g Pistazienkerne
30 g Pinienkerne
1 Päckchen Vanille-Vollrohrzucker
2 TL abgeriebene Orangenschale
Fett zum Ausbacken
Ahornsirup oder Honig

In einer Schüssel Ricotta, Mehl, Eier und Rosinen mit den gehackten Pistazien- und Pinienkernen, Vanillezucker und Orangenschale zu einem Teig rühren. In einer beschichteten Pfanne Fett erhitzen. Mit einem Eßlöffel Teig abnehmen, diesen in das heiße Fett geben und zu Küchlein flachdrücken. Von beiden Seiten goldbraun ausbakken. Auf dem Teller die Puffer mit einem Schuß Ahornsirup oder einen Klecks Honig beträufeln.

Gorgonzolabirnen

4 saftige Birnen
(z.B. Williams Christ)
1 EL Zitronensaft
100 g Gorgonzola
50 ml süße Sahne
1 EL Butter
2 EL Pistazien- oder Walnußkerne zur Dekoration

Die Birnen der Länge nach halbieren, das Kerngehäuse herausnehmen und die Früchte sofort mit Zitronensaft beträufeln, damit sie ihre Farbe behalten. Käse, Sahne und Butter im Handrührgerät schaumig-cremig schlagen. Die Füllung in und auf die Birnen geben und mit gehackten Nüssen dekorieren.

Wenn Sie es auf die althergebrachte Art mögen: Geben Sie die Füllung in eine Tortenspritze und drücken sie durch eine gezackte Tülle hindurch. Das Auge ißt schließlich mit.

Erdbeermark in Mascarponesahne

1 kg Erdbeeren
1 – 2 EL Vollrohrzucker
125 g Sahne
250 g Mascarpone
Saft einer Limone
1 – 2 EL Akazienhonig
Vanille

Zum Garnieren:
frische Minze
Erdbeeren

Von den geputzten Erdbeeren eine Handvoll zur Seite legen, den Rest mit Zucker bestreuen und im Mixer pürieren.

Sahne steif schlagen und unter die Mascarpone heben. Limonensaft und Honig unterrühren. Die Mascsarpone mit einer Spur Vanille, einigen Minzeblättchen und den ganzen Erdbeeren garnieren.

Auf großen flachen Tellern servieren: In die Mitte einen Klecks der Mascarponecreme geben und darum herum das Erdbeermark fließen lassen.

Tiramisu mit Erdbeeren

75 g Löffelbiskuits
5 EL Amaretto-Mandellikör
500 g Erdbeeren
2 EL Vollrohrzucker
300 g Magerquark
150 g Mascarpone
100 ml süße Sahne
1 Päckchen Vanille-Vollrohrzucker
1 EL Kakaopulver, schwach entölt

Zum Garnieren:
frische Minze
Erdbeeren

Mit den Biskuits den Boden einer ebenen Form abdecken und das Gebäck mit Amaretto beträufeln. Von den Erdbeeren die Stiele entfernen und die Früchte mit der Hälfte des Zuckers bestreuen. Biskuits und Erdbeeren etwa 15 Minuten ziehen lassen.

Unterdessen Quark, Mascarpone und Sahne miteinander zu einer cremigen Masse verrühren und den Vanillezucker sowie den restlichen Vollrohrzucker unterrühren.

Die Erdbeeren (bis auf eine Handvoll) über die Biskuits schichten und mit der Mascarpone/Quarkmasse abdekken. Die Oberfäche mit den restlichen Erdbbeeren dekorieren. Vor dem Servieren mit Kakaopulver bestäuben und mit ein paar Minzeblättchen garnieren.

Das italienische »Nationaldessert« einmal anders: ohne Ei, dafür mit frischen Erdbeeren.

Gefüllte Datteln

20 getrocknete Datteln
100 g Doppelrahmfrischkäse oder milder Ricotta
1 – 2 EL Orangenblütenwasser oder 1 TL abgeriebene Orangenschale
2 EL Pistazienkerne zum Garnieren

Am besten eignen sich israelische Medjoul-Datteln, sie sind besonders groß und haben ein weiches Fruchtfleisch. Ersatzweise gehen auch die etwas kleineren, doch sehr aromatischen Deglet Nour.

Die Datteln der Länge nach einschneiden und die Kerne vorsichtig herausnehmen. Den Frischkäse cremig rühren, das Orangenblütenwasser einrühren und die Farce in die Datteln füllen. Die Füllung mit feingehackten Pistazien dekorieren.

Als Vor- oder Nachspeise oder einfach als kleine Nascherei für zwischendurch.

Pflaumencreme mit Sahnehaube

400 g getrocknete Pflaumen
500 ml Wasser
4 EL Zitronensaft
½ TL Zimt
100 ml Sahne
1 MS Kardamom oder Bourbon-Vanille

Die Pflaumen in Wasser etwa 5 Stunden einweichen. Dann die eingeweichten Früchte zusammen mit dem Einweichwasser im Mixer oder mit dem Schneidestab cremig pürieren. Mit Zitronensaft und Zimt abschmekken und in Portionsschälchen aufteilen. Die Sahne steif schlagen, auf die Creme verteilen und mit Kardamom oder Vanille bestäuben.

Griechischer Honigjoghurt

4 Nektarinen
500 g griechischer Sahnejoghurt
1 – 2 EL Akazienhonig
1 TL Limonen- oder Zitronensaft
2 EL Pistazienkerne zum Garnieren

Die Nektarinen halbieren, entkernen und in Spalten schneiden. Den Joghurt cremig rühren, den Honig unterziehen. Mit Zitronensaft abschmecken, den feingehackten Pistazien dekorieren und über die Früchte geben.

Mousse au chocolat

350 g Zartbitter-Schokolade
400 ml süße Sahne
1 EL abgeriebene Orangenschale
1 Päckchen Vanille-Vollrohrzucker
2 Eiweiß
Zimt

Die zerbröckelte Schokolade mit der Sahne in einen Topf geben, im heißen Wasserbad ständig rühren, bis sich Schokolade und Sahne zu einer cremigen Masse verbunden haben. Die abgeriebene Orangenschale und den Vanillezucker einrühren und etwas abkühlen lassen.

Eiweiß mit dem elektrischen Quirl steif (schnittfest) schlagen. Die noch flüssige Schokosahne mit dem Schneebesen langsam in den Eischnee einrühren. In Portionsschälchen füllen und mindestens 6 Stunden kühlstellen.
Vor dem Servieren mit einer Spur Zimt bestäuben.

!

Da das *Mousse au chocolat* rohes Eiweiß enthält und somit Salmonellengefahr bestehen kann, sollten Sie es möglichst bald verzehren.

Walnußparfait

125 g Walnußkerne, feingerieben
4 Eigelb
4 EL Akazienhonig
400 g süße Sahne
2 EL Walnußkerne zum Garnieren

Die geriebenen Nüsse in einer trockenen Pfanne kurz anrösten. Eigelbe in einem kleinen Topf verquirlen, diesen in ein heißes Wasserbad stellen. Den Honig und portionsweise die Nüsse einrühren und kräftig mit dem Schneebesen bearbeiten, bis eine homogene Masse entsteht. Die geschlagene Sahne unterheben. In Portionsschälchen im Tiefkühlfach 3 Stunden einfrieren. Vor dem Servieren mit gehackten Nüssen garnieren.

Achten Sie darauf, daß die Walnüsse nicht zu lange gelagert sind. Auch geriebene Haselnüsse passen sehr gut in das Parfait.

Melonensorbet

1 Galia- oder Honigmelone
1 Limone
200 ml Wasser
2 EL Akazienhonig (oder weniger)
2 Eiweiß
Minzeblättchen zum Garnieren

Aus der halbierten Melone das Kerngehäuse herausnehmen. Das Fruchtfleisch mit dem Saft der Limone und dem Wasser im Mixer pürieren. Den Honig einrühren. Eiweiß steif schlagen, bis es schnittfest ist, und unter das Melonenpüree ziehen. Im Tiefkühlfach 3 – 4 Stunden einfrieren.

Mit einem Eisportionierer Kugeln ausstechen und mit Minze garnieren.

Rühren Sie stündlich das Sorbet mit dem Quirl durch; dadurch verhindern Sie, daß sich Eiskristalle bilden.

Maronencreme

500 g Eßkastanien
400 ml Milch
1 TL Kakao
1 Päckchen Vanille-Vollrohrzucker
2 EL Amaretto

Zum Garnieren:
50 ml süße Sahne
1 Msp Zimt

Die Maronen mit einem scharfen Küchenmesser anritzen und im Backofen 20 Minuten rösten. Kurz abkühlen lassen und schälen, sobald sie sich anfassen lassen. Die geschälten Kastanien mit der Milch im Mixer oder mit dem Schneidestab cremig pürieren. Kakao, Zucker und Amaretto unterrühren und in Portionsschälchen verteilen. Die Sahne steif schlagen und jedes Dessert mit einem Sahnehäubchen garnieren. Mit Zimt bestäuben.

Aprikosen-Marzipan-Bällchen

150 g süße Aprikosen, ungeschwefelt
125 g Honigmarzipan
1 EL Zitronensaft
1 EL Orangensaft
1 EL Mandelsplitter
1 Msp Zimt
2 EL Sesam

Die Aprikosen fein raffeln oder im Mixer kurz zerkleinern, jedoch nicht pürieren. Mit Marzipan, Saft, den ganz feingehackten Mandelsplittern und einer Spur Zimt zu einem Teig kneten. Zu walnußgroßen Bällchen formen und in Sesam wälzen.

Eine verführerische Leckerei, die nicht nur an kalten Wintertagen begeistert.

Von Artischocke bis Zuckerschote

Kleine mediterrane Warenkunde

Artischocke: eine besonders in Frankreich geschätzte Edel-Distel von feinherbem Geschmack. Sie wird immer gekocht und meist zusammen mit einem Dip serviert.

Aubergine: Die zu den Nachtschattengewächsen zählende Beerenfrucht ist eines der klassischen Gemüse am Mittelmeer. Ursprünglich weiß und eiförmig, wurde sie früher als »Eierfrucht« (engl. eggplant) bezeichnet. Erst durch Züchtungen erhielt sie ihre heutige dunkelviolette Farbe und Größe. Als eine der wenigen Gemüsesorten eignet sie sich nicht zum rohen Verzehr, sie entwickelt erst Aroma beim Dünsten und Braten und durch den Zusatz von Gewürzen.

Balsamico-Essig: italienische Essigspezialität aus Modena mit ausgeprägtem Aroma und schwarzer Farbe. Je nach Reifegrad wird zwischen zwei-, vier- und zehnjährigem Balsamico unterschieden – je älter der Essig, um so teurer ist er.

Basilikum: einjährigesWürzkraut, das allein durch seinen intensiven Duft auf sich aufmerksam macht. Bis noch vor wenigen Jahren fast ausschließlich in getrockneter Form erhältlich, wird es heute überall frisch angeboten. Paßt hervorragend zu Tomaten und Käse und dient neben Pinienkernen als Grundlage für Pesto.

Brunnenkresse: Die ursprünglich an Bachläufen wildwachsende, heute gezüchtete Kresseart zeichnet sich durch einen hohen Mineralstoff- und Vitamin-C-Gehalt aus. Die pikant bis scharf schmeckenden Blätter bieten sich für Salate und Suppen an und werden auch gerne zum Garnieren verwendet.

Bulgur: ein überall im Nahen und Mittleren Osten verbreitetes Getreidegericht. Vorgegarter Hartweizen wird an der Luft getrocknet und anschließend grob geschrotet, wobei der größte Teil der Nährstoffe erhalten bleibt.

Cayennepfeffer: siehe Chili.

Chili: zur Familie der Paprika gehörende rote kleine Schoten mit brennend scharfem Geschmack. Getrocknet und gemahlen liefern sie Cayennepfeffer.

Cidre: moussierender (schäumender) Apfelwein mit 1,5 bis 3 % Alkohol.

Couscous: ein in der arabischen Küche weitverbreitetes Gericht. Grundlage ist ausgesiebter, vorgegarter und anschließend wieder getrockneter Hartweizenschrot. Im Naturkosthandel ist aus dem ganzen Weizenkorn hergestelltes vollwertiges Couscous erhältlich.

Créme fraîche: cremige Sahne mit 30 % Fett.

Cumin: siehe Kreuzkümmel.

Favabohnen: die auch dicke Bohnen, Sau-, Pferde- und Puffbohnen genannten Hülsenfrüchte werden rund ums Mittelmeer angebaut. Die Schoten enthalten fast markstückgroße, abgeplattete beigefarbene Bohnen.

Fenchel: Die in Italien sehr beliebte Gemüseart wird sowohl gedünstet als auch roh gegessen. Ätherische Öle geben dem Gemüse ein leicht bitteres, anisähnliches Aroma. Das frische Fenchelgrün läßt sich als Gewürz verwenden.

Feta: in Salzlake eingelegter griechischer Weichkäse, der traditionell aus einer Mischung von Schafs- und Ziegenmilch hergestellt wird. In Mitteleuropa wird Feta aus Kuhmilch gemacht. Nach der neuen Verordung der Europäischen Union darf dieser Schafskäse jedoch nicht mehr unter dem Begriff Feta gehandelt werden. Ausschließlich Schafskäse griechischer Herkunft darf diesen Namen tragen.

Fettucini: breite italienische Bandnudeln.

Fontina-Käse: vollfetter (60 %) italienischer Rohmilchkäse aus dem Aosta-Tal. Mild im Geschmack eignet er sich gut zum Überbacken und als Pizzabelag.

Gnocchi: italienische Spezialität aus Kartoffeln oder Maismehl.

Gorgonzola: Der weiche italienische Edelpilzkäse aus Kuhmilch hat einen milden bis pikanten Geschmack. Die milde Variante eignet sich auch für Desserts.

Gruyère: französischer Hartkäse aus den Alpen; läßt sich gut für Gratins und Aufläufe verwenden.

Herbes de Provence: südfranzösische Gewürzmischung, die außer den »Klassikern« wie Thymian, Rosmarin, Lavendel und Ysop auch Salbei, Lorbeer und anderes mehr enthalten kann.

Joghurt: ist aus der griechischen und türkischen Küche nicht wegzudenken. Griechischer oder türkischer Joghurt hat einen höheren Fettgehalt und wird vielfach aus Schafsmilch hergestellt.

Kalamata-Oliven: schwarze griechische Oliven, die noch von Hand geerntet werden und sich durch ein außergewöhnlich gutes Aroma auszeichnen.

Kapern: geschlossene Blütenknospen des am Mittelmeer beheimateten Kapernstrauches. Der typische Geschmack der in Salzlake eingelegten Knospen geht auf darin enthaltenes Senföl zurück.

Knoblauch: ist das Universalgewürz der mediterranen Küche, das quantitativ allerdings von Land zu Land ganz unterschiedlich eingesetzt wird. Während die spanische und französische Küche davon recht großzügig Gebrauch machen, wird Knoblauch in Italien eher dezent eingesetzt und selten mitgegessen, sondern nur mitgekocht und vor dem Servieren wieder herausgenommen.

Korinthen: kleine, schwarze getrocknete Weinbeeren, die fast ausschließlich in Griechenland in der Gegend von Korinth angebaut werden.

Kreuzkümmel: ein auch unter dem Namen Cumin bekanntes orientalisches Gewürz, das mit unserem Kümmel verwandt ist. Es ist Bestandteil des Currypulvers.

Limone: auch Limette genannt; kernlose Zitrusfrucht, etwas kleiner als die Zitrone, mit grüner Schale und sehr saftig-saurem Fruchtfleisch.

Majoran: sehr aromatisches Gewürz, das sich gut mit Thymian ergänzt. Bestandteil der Kräutermischung »Herbes de Provence«.

Mangold: leicht bitter schmeckendes spinatähnliches Blattgemüse. Neben Blattmangold ist auch Stielmangold mit ausgeprägten Rippen im Handel. Wie Spinat enthält auch Mangold Oxalsäure.

Mascarpone: italienischer Doppelrahmfrischkäse mit einem enorm hohen Fettgehalt von 80 %. Wird für Süßspeisen (z. B. Tiramisu) und Nudelsaucen verwendet.

Mozzarella: elastischer, in typischer Kugelform angebotener und ursprünglich aus Büffelmilch gemachter Weichkäse, der heute fast ausschließlich aus Kuhmilch hergestellt wird. Zum Schutz vor dem Austrocknen wird er in Salzlake eingelegt. Der klassische Käse für die Pizza.

Muskatblüte: Samenmantel der Muskatnuß, im Geschmack etwas milder als die Nuß.

Oregano: wird auch wilder Majoran genannt und ist ein typisch mediterranes Gewürz. Paßt gut zu Kartoffeln, Käse, Aufläufen, Salaten und Suppen.

Parmesan: leicht bröckeliger Hartkäse aus Kuhmilch, der mindestens

18 Monate gereift ist. Der populärste Käse Italiens darf an keinem Risotto oder Nudelgericht fehlen.

Pecorino: pikanter bis scharfer italienischer Hartkäse aus Schafsmilch. Wegen seines kräftig-salzigem Geschmacks wird besonders der sardische Pecorino geschätzt.

Penne: kurze und schräggeschnittene Makkaroni aus Hartweizengrieß.

Peperoni: schmal und spitz zulaufende Gemüsepaprika, wovon es milde bis sehr scharfe Sorten gibt. Werden frisch oder in Essig eingelegt angeboten.

Pesto: ursprünglich in Genua aus Pinienkernen und Basilikum hergestellte Würzsauce für Nudelgerichte. Wird auch aus Kürbiskernen, Rucola u.a. zubereitet.

Pfefferminze: als frisches Kraut in der mediterranen und arabischen Küche sehr beliebt; es wird für Salate, Saucen, Eierspeisen und Desserts verwendet.

Pinienkerne: Die beigefarbenen länglichen Kerne werden aus den großen Zapfen der Schirmpinie gewonnen. Sie enthalten sehr viel Eisen und Vitamin B_1 und besitzen ein mildwürziges Aroma.

Pistazien: im Mittelmeerraum und Nahen Osten kultivierte Kerne, die meist gesalzen und geröstet in den Handel kommen.

Polenta: in Italien und auf dem Balkan verbreitetes Getreidegericht aus gemahlenem oder geschrotetem Mais. Läßt sich je nach Belieben süß oder pikant anrichten.

Postelein: auch Portulak genannte Gemüse- und Würzpflanze. Die kleinen grünen Blätter werden als Salat verwendet.

Okra: Die ursprünglich aus Äthiopien stammende Schote wird heute vornehmlich in Griechenland, der Türkei und im Nahen Osten geschätzt. Die fünfkantige Schote hat einen milden bis herben Bohnengeschmack.

Rauke: siehe Rucola.

Ricotta: milder quarkähnlicher italienischer Frischkäse, der aus Kuh-, Schafs- oder Ziegenmolke hergestellt sein kann. Der Fettgehalt beträgt 20 %. Ungesalzen eignet sich Ricotta für Desserts und Nudelfüllungen. Aus Sardinien kommt ein gesalzener Ricotta, der sich auch reiben läßt.

Rigatoni: Röhrennudel, kurz und dick.

Rosmarin: würziges Küchenkraut, das vor allem in Italien und Frankreich verwendet wird. Die Aromastoffe in Form ätherischer Öle sitzen in den spitzen, wie Nadeln aussehenden Blättern.

Rote Linsen: eine vornehmlich in der Türkei und im Nahen Osten kultivierte Linsenart. Rote Linsen sind bereits geschält, sie brauchen nur 15 Minuten zu kochen und werden schnell breiig. Geschmacklich sind sie weniger aromatisch, was durch geschicktes Würzen ausgeglichen werden will.

Rucola: auch Rauke genanntes Kraut mit löwenzahnähnlich gezackten Blättern, die ein leicht nussiges bis scharfes Aroma haben. Wird außer als Salat auch für Saucen verwendet.

Safran: zur Familie der Krokusgewächse zählende, im ganzen Mittelmeerraum kultivierte Gewürzpflanze. Benutzt werden die gelb bis orangeroten Blütennarben, die neben ätherischem Öl auch Karotinoide enthalten und damit gewürzte Speisen einfärben.

Salbei: ist bei uns vor allem als Kräutertee bekannt, die würzig-kräftigen frischen Blätter sind jedoch auch ein vorzügliches Küchengewürz für Polenta, Hülsenfrüchte, Käse und Oliven.

Schalotte: in der französischen Küche geschätzte Mini-Zwiebel, die sich durch einen besonders feinen und milden Geschmack auszeichnet.

Schmand: stichfester Sauerrahm mit 24 % Fett.

Sedanini: kurze italienische Röhrennudel.

Tagliatelle: schmale Bandnudel.

Tahin: leicht bitter schmeckendes Sesammus; wird meist aus einer Mischung von geschälter und ungeschälter Sesamsaat hergestellt. Im Naturkost- und Reformhandel erhältlich.

Thymian: würzig-herbes Gewürz, das sehr sparsam verwendet werden will. Paßt gut zu Kartoffeln und Aufläufen.

Zucchini: einer der Stars der südländischen Küche. Das ungestüm wachsende Kürbisgemüse schmeckt relativ mild und wird meist nur leicht gedünstet oder mariniert. Kleinere Exemplare sind zu bevorzugen; sie sind zarter.

Zuckerschoten: haben im Unterschied zu anderen Erbsenarten keine harte Pergamentschicht, die Schale wird mitverzehrt (auf französisch heißen sie *mange tout*, was soviel wie »iß alles« heißen soll). Die Samen sind kaum ausgebildet.

Der Autor

Rolf Goetz, geboren 1950 im Schwarzwald, arbeitet als freiberuflicher Journalist – im Sommer in Berlin, im Winter auf den Kanarischen Inseln. Aus seiner langjährigen geschäftsführenden Tätigkeit in einem Naturkostladen entstanden Kochbücher und Ratgeber zum Thema gesunde Ernährung. Im pala-verlag erschien sein vegetarisches Kochbuch *Einfach anders essen.* Neben gutem Essen widmet sich Rolf Goetz häufig seiner zweiten Lieblingsbeschäftigung: dem Reisen und Wandern. Ergebnis sind diverse Reiseführer zu den Kanarischen Inseln und dem Mittelmeerraum.

Rezept-Index

Vollwertig, vegetarisch, gesund

Yashoda Aithal:
Vegetarisch kochen – indisch
ISBN: 3-923176-98-8

Angelika Krüger:
Vegetarisch kochen – international
ISBN: 3-89566-117-1

Irmela Erckenbrecht:
Querbeet – Vegetarisch kochen rund ums Gartenjahr
ISBN: 3-89566-114-7

Jutta Grimm:
Vollwert-Naschereien
ISBN: 3-923176-99-6